Durch nachträgliche Verfügungen bzw. durch Druckfehler sind folgende Abänderungen zu beachten:

Seite 10/11 **Achselstücke**; zu streichen Abschnitt über Sanitätsführer und Verwaltungsführer (vergl. S. 101).
Seite 12 **Apotheker**; vergl. S.A.-Sanitätsführer S. 101.
Seite 15 **Betriebszellen**; zu streichen.
Seite 16 **Braunhemd**; zu streichen der Absatz über Amtswalter.
Brigadeführer; zu streichen der letzte Satz.
Seite 19 **Dienstrock**. Die Mütze der Figur muß eine silberne Schnur um den oberen Rand des Mützenaufschlages haben. Bei der Unterschrift ist zu streichen: „ohne Formationsführer zu sein".
Seite 21 **Dienstgradabzeichen der Sanitätsführer**; vergl. S. 101.
Seite 22 **Ehrenhalber**; vergl. Ehrenführer S. 98.
Seite 24 **Feldjägerkorps**; Bildunterschrift. Statt Scharführer: Truppführer.
Seite 25 **Flugzeugführer**; statt f. Flugzeugführerabzeichen: f. Fliegerabzeichen.
Seite 26 **Führerkoppel**; statt f. Fig. S. 23: f. S. 28.
Seite 27 **Gebiet**; letzter Satz; statt zwei Eichenblätter: drei Eichenblätter;
Geldverwalter; vergl. S. 101.
Seite 31 **Südwest**; Schnüre in Abbildung: schwarz-orangegelb, desgleichen Litze.
Seite 32 **Franken**; Litze in Abbildung und Unterschrift schwarz-blau.
Hansa; Litze in Abbildung und Unterschrift weiß-hellblau.
Hessen; Litze in Abbildung und Unterschrift weiß-hellblau.
Seite 33 **S.A.-Sanitätsführer und Verwaltungsführer**; vergl. S.101.
Seite 40 **Kokarde**; statt gest. Raute: geteilten Raute.
Seite 47 **Litzen**; vergl. S. 101.
Seite 55 **Obergeldverwalter**; vergl. S. 101.
Seite 56 **Oberrechnungsführer**; vergl. S. 101.
Seite 57 **Oberverwaltungsführer**; vergl. S. 101.
Seite 58 **Orden**. Das Ehrenzeichen für die Alten (Fig.) hat einen goldenen Kranz.
Seite 64 **Rechnungsführer**; vergl. S. 101.
Seite 65 **Reiter**. Unterschrift. Statt Pommern: Schlesien.
Seite 69/72 **Sanitätsbrigadeführer usw.**; vergl. S. 101.
Seite 73 **Schirmmütze**; statt Amtswalter: P.O.-Leiter.
Schulterklappen; zu streichen letzter Satz; dafür f. Hitler-Jugend.
Seite 75 **Silberschnur**; statt Obergruppenführer: Brigadeführer. Ferner hinter Gruppenführer hinzufügen: und Obergruppenführer.
Seite 82 **Stabsführer**; f. S. 101.
Stabsverwaltungsführer; f. S. 101.
Seite 83 **Stabswachen**; f. S. 101.
Seite 86 **Standartengeldverwalter**; f. S. 101.
Seite 93 **Verwaltungsführer**; f. S. 101.

Die Standardwerke
des nationalsozialistischen Deutschland

Adolf Hitler
Mein Kampf. Leinen RM. 7.20, kartoniert in 2 Bänden . RM. 5.70

Alfred Rosenberg
Der Mythus des 20. Jahrhunderts. Leinen . . . . . RM. 6.—
Blut und Ehre. Ein Kampf für deutsche Wiedergeburt. Leinen RM. 4.50

Hans Zöberlein
Der Glaube an Deutschland. Leinen . . . . RM. 7.20

Dr. Otto Dietrich
Mit Hitler in die Macht. Leinen . . . . RM. 3.50

Ernst Röhm
Die Geschichte eines Hochverräters. Leinen . . . . . RM. 4.50

Dr. Jof. Goebbels
Das erwachende Berlin. Leinen . . . . RM. 10.—
Der Kampf um Berlin. Leinen . . . . RM. 4.50

Gottfried Feder
Kampf gegen die Hochfinanz. Leinen . . . . RM. 5.50

Georg Schott
Das Volksbuch vom Hitler. Leinen . . . . RM. 4.50

Zentralverlag der NSDAP. Frz. Eher Nachf., GmbH., München

Die Uniformen der Braunhemden

(S.A., S.S., Politische Leiter, Hitler=
jugend, Jungvolk und B.D.M.)

Mit Genehmigung der Reichsleitung und nach Prüfung
durch die Oberste S.A.-Führung herausgegeben von

Hauptmann a. D. Freiherr von Eelking

(Obertruppführer im Stabe der Brigade 31 Berlin=
Brandenburg)

Zentralverlag der N.S.D.A.P. Frz. Eher Nachf. GmbH., München 2 NO

The Naval & Military Press Ltd

Published by

The Naval & Military Press Ltd
Unit 5 Riverside, Brambleside
Bellbrook Industrial Estate
Uckfield, East Sussex
TN22 1QQ England

Tel: +44 (0)1825 749494

www.naval-military-press.com
www.nmarchive.com

Disclaimer: This book is reprinted exclusively for historical and research purposes, and is in no way advocating, nor promoting, Nazi ideology.

In reprinting in facsimile from the original, any imperfections are inevitably reproduced and the quality may fall short of modern type and cartographic standards.

Die Zeichnungen dieses Buches wurden ausgeführt von
Erwin Leiner und Curt Bog, unter Mitarbeit von
Sturmführer Greiner vom Stabe der Brigade 31

Nachdruck verboten. Copyright 1934 by Frz. Eher Nachf., G. m. b. H., München 2 NO.
Alle Rechte, insbesondere das der Übersetzung und Rundfunkübertragung, vorbehalten.

Vorwort

Ganz selbstverständlich muß es sein, daß jeder, der heute in die große Kameradschaft der S.A. und ihres Nachwuchses eingegliedert ist und mit Stolz das Ehrenkleid der Bewegung trägt, über seinen eigenen Bereich hinaus weiß, wie die Abzeichen seiner Führer, die Farben anderer Gruppen und die Merkmale der Sonderformationen aussehen.

Aber die Soldaten der braunen Armee, die den Sieg des Nationalsozialismus vorwärtstrugen, haben es verdient, daß auch jeder andere gute Deutsche ihre Uniformen genau so kennt, wie er früher über Chargen und Regimenter der alten Armee Bescheid gewußt hat.

Solches Verständnis bindet, es hält die Begeisterung wach und damit auch die Liebe zu Volk und Vaterland!

Der Herausgeber

Begonnen Dezember 1932
abgeschlossen 1. März 1934

Motto: Wer wiß, wirb!

Druck: Münchner Buchgewerbehaus M. Müller & Sohn G. m. b. H., München

Zur Geschichte der Hitleruniformen

wölf Jahre sind es jetzt her, da bewegte sich ein eigenartiger Zug auf der Straße nach Tegernsee. Lastwagen, vollbesetzt mit Männern, denen man ansah, daß der Kampf für eine heilige Sache sie zusammengeführt. Um ein merkwürdig neues Banner hatten sie sich geschart. Wie eine aufgehende Sonne leuchtete von seinem roten Tuch auf weißer Scheibe ein schwarzes Hakenkreuz auf, das niemand noch bisher auf Fahnen gesehen. Ein Symbol mußte es sein, dem sich diese Männer auf Tod und Leben verschworen, denn manche von ihnen, die sonst nichts Einheitliches in ihrer Kleidung hatten, trugen dieses geheimnisvolle Runenmal — damals noch nicht über Eck gestellt — auch schon wie eine Kampfbinde um den Arm.

Historisch wird dieses Kampfzeichen dann zum erstenmal wenige Wochen später in der entschlossenen Ansprache des Führers erwähnt, die er unmittelbar vor der Saalschlacht im Hofbräuhaus zu München an jenem denkwürdigen 4. November 1921 an seine 46 Getreuen richtete. „Wer feige zurückweicht", rief er damals, „dem reiße ich persönlich die Armbinde herunter." Das steigerte den Mut der kleinen Schar ins Riesenhafte, ließ sie einen fast tausendköpfigen Gegner überwinden und brachte ihr und ihrer Bewegung den ersten Sieg und gleichzeitig auch den Namen Sturmabteilung, der sich bald in der Abkürzung als S.A. einbürgerte.

Überall, wo die Bewegung Anhänger fand, wurden dann ähnliche Sturmabteilungen aufgestellt. Aber immer noch war die Kampfbinde ihr einziges Abzeichen und die Kleidung der S.A.-Leute ihr bürgerlicher Anzug. So marschierten sie auch auf, als sie sich bereits mit sechs Hundertschaften im August 1922 an der öffentlichen Kundgebung der Vaterländischen Verbände auf dem Königsplatz in München beteiligten. An der Spitze des Zuges folgten sie den Hakenkreuzfahnen, die sich damals zum erstenmal öffentlich zeigten, in Zivil, nur durch die Hakenkreuzbinde als Anhänger einer gemeinsamen Bewegung gekennzeichnet.

Als dann aber im Januar 1923 sich 6000 Mann am ersten Parteitag auf dem Marsfeld in München beteiligten, da sah das Bild, das diese politischen Soldaten einer großen Idee boten, schon recht einheitlich aus. Die ersten vier Standarten werden der S.A. verliehen und jene, denen die Ehre zuteil wurde, die neuen Feldzeichen ihren Kameraden vorauszutragen, sie hatten ebenso wie ihre Begleitung genau denselben Anzug an, der auch schon etwas von einer Uniform an sich hatte. Eine hochgeschlossene zweireihige Windjacke — selbstverständlich mit der roten Binde am linken Arm — und eine graue Schirmmütze mit dem Parteiabzeichen als Kokarde waren die charakteristischen Stücke dieser Ausrüstung, die dann noch durch Kniehosen, Wickelgamaschen und ein einfaches Koppel ohne Schulterriemen zur Uniform ergänzt wurden. Viele allerdings, die sich hinter den Standarten in den Zug eingeordnet, trugen noch den abzeichenlosen feldgrauen Rock, wie auch selbst die Hakenkreuzbinde noch, den Hakelstock geschultert, nicht restlos gleichmäßig erschien; das Zeichen häufig noch nicht über Eck angeordnet, und hier und da sogar noch statt in eine weiße Scheibe in ein weißes Quadrat gestellt.

Je mehr sich aber zu den neuen Fahnen zusammenfinden, um so mehr ist auch bei allen der Wunsch erkenntlich, schon äußerlich durch eine gemeinsame Tracht ihre politische Gesinnung zu erkennen zu geben. Und als sich noch in demselben Jahre, am 2. September, auf dem Deutschen Tage in Nürnberg schon Zehntausende treffen, da überwiegen bereits, ebenso wie wenig später, am 30. September bei dem großen nationalsozialistischen Tag in Bayreuth, bei weitem die Windjacken und Schirmmützen, die jetzt schon längst als Hitlermützen bekannt sind. Ja, hier in Bayreuth zeigten sich jetzt auch zum erstenmal S.A.-Leute mit diesen so schnell charakteristisch gewordenen Mützen zu Pferde, in friedlichem Einmarsch durch dichtgedrängte und beflaggte Straßen.

Kaum einen Monat später aber, da hat dieser und jener schon die schlichte graue Mütze gegen den Stahlhelm vertauscht, der durch ein Hakenkreuz ein noch trutzigeres Aussehen erhalten hat. Weiß, ebenso wie schwarz, ist es auf der Stirnseite aufgemalt, und S.A.-Leute stehen da in diesen Novembertagen mit ihm bei ihren Maschinengewehren Posten. Auch der Kommandeur dieser S.A., der jetzige preußische Ministerpräsident Goering, trägt das Hakenkreuz auf dem Stahlhelm, und auf einem Bild, das ihn so, pour-le-mérite-geschmückt, mit dreifach gestreifter Führerarmbinde und hochgeschlossenem Ölmantel zeigt, erscheint zu dieser Zeit auch zum erstenmal der Schulterriemen. Mit dem 9. November, der vor der Feldherrnhalle ein so blutiges Drama sah, ist dann aber diese tapfere Bewegung für länger als ein Jahr gestoppt, und als nach dreizehn Monaten, im Dezember 1924, Adolf Hitler aus der Festungshaft zurückkehrt, da gilt es von neuem aufzubauen.

Bis 1923. Abzeichenloser, feldgrauer Rock mit Hakenkreuzbinde. Dazu graue Schirmmütze.

Elf Mann nur stehen zunächst für den Schutz zur Verfügung, zu wenig, um noch, will man nicht großspurig erscheinen, als Abteilung bezeichnet zu werden. So finden sie sich ebenso wie die Treuesten der Treuen an anderen Orten als „Schutz=Staffel" zusammen und bilden diese Formation als S.S. auch weiter aus, obwohl schon zwei Monate darauf bei der Neugründung der Partei, am 27. Februar 1925, auch die S.A. neu aufgestellt wird.

Noch systematischer als in den vergangenen Jahren wird das durchgeführt. Der Kampf gilt in erster Linie dem Roten Frontkämpferbund und dem Reichsbanner. Beide sind sie uniformiert. So ist es nur selbstverständlich, daß auch die S.A. als Gegenwehr in einheitlicher Kleidung auftreten muß. Da die Mittel hierfür jeder selbst aufzubringen hat, muß ihre Zusammenstellung natürlich so einfach wie möglich sein. Ein schlichtes Hemd, aber deutlich von anderen zu unterscheiden, genügt da schon, und da die Lieblingsfarbe Adolf Hitlers Braun ist — weil es für ihn „das Erdverbundene mit der deutschen Heimat bedeutet", und überdies gerade in der Masse Braun besonders wirkungsvoll ist —, liegt somit bald für diese Hemden auch der Farbton fest. Die braune Uniform ist geboren, und es dauert nicht lange, da ist der Name Braunhemden für jeden im Volk ein bestimmter Begriff.

1923. Graue Windjacke, Kniehosen mit Wickelgamaschen. Schirmmütze mit Partei-Kokarde.

Zum erstenmal bekommt die Öffentlichkeit in größeren Verbänden diese „Braunhemden" zu sehen, als sie bei der ersten Tagung seit der Entlassung Hitlers aus der Festung auf dem nationalsozialistischen Parteitag in Weimar an dem Führer vorbeimarschieren. Die meisten haben jetzt am Koppel auch bereits den Schulterriemen und selbstverständlich ist ihre Mütze gleich dem Hemd braun. So wird denn, was bisher noch wenig beachtet wurde, auch der Unterschied gegenüber der S.S. bemerkbar, denn diese versieht ihren Ordnerdienst mit schwarzen, mit dem Hoheitszeichen geschmückten Mützen und mit schwarzem Binder auf dem braunen Hemd.

Sonst sind zu dieser Zeit besondere Uniformunterschiede noch nicht vorhanden. Alle, die der Bewegung angehören, tragen gleichmäßig das einfache, braune Hemd, ohne irgendwelche besondere Herkunftsmerkmale oder Dienstgradabzeichen. Jeder fast kennt damals noch alle seine Kameraden, weiß jedenfalls, wer zu ihnen gehört und natürlich erst recht, wer vom Osaf mit Führervollmachten betraut ist. So bedarf es noch keiner besonderen Heimats= oder Führerabzeichen.

Aber immer größer wird inzwischen der Zustrom zur S.A. Eine Kolonne nach der anderen wächst aus dem Boden, und so ergibt es sich bald ganz von selbst, daß die Kragen der braunen Hemden zum Unterschied der einzelnen Formationen Spiegel mit Abzeichen erhalten.

Auf dem zweiten Parteitag nach der Neugründung — abgehalten ebenso wie der erste im Jahre vorher in Nürnberg, wo der S.S. die Blutfahne von der Feldherrnhalle zu treuen Händen übergeben wurde — grüßen so dreißigtausend Braunhemden ihren Führer, und neben ihm den neuen S.A.=Führer, „Osaf", von Pfeffer, den Organisator dieses Parteitages. In bayerischer Tracht, so wie sie heute noch die Gruppe Hochland führt, steht dieser an dem mit Blumen überschütteten Wagen Adolf Hitlers, auf seinen Spiegeln zwei Eichenblätter, damals das Zeichen des höchsten Dienstgrades. Aus endlosem Zuge strecken sich den beiden Führern im Speergruß die Hände der braunen Mannen entgegen. Und Tausende säumen die Straßen, überwältigt von der Disziplin dieser Truppe, die hier zum erstenmal einheitlich auch das Parteiabzeichen auf dem Binder trägt.

Als dann zwei Jahre danach, im August 1929, der Aufruf zum dritten Nürnberger Appell — bereits sechzigtausend Mann treffen sich hier — erlassen wird, da ist die S.A. inzwischen schon so angewachsen, daß sie ganz neu gegliedert, landschaftsmäßig geordnet, auf der Kampfbahn im Luitpoldhain antreten muß. Farbige Spiegel sitzen nun auf den Hemdkragen, und jeder kann von ihnen ablesen, zu welcher Gruppe die einzelnen Stürme gehören.

Damit ist aber auch die Uniformfrage vorläufig zu einem gewissen Abschluß gekommen. Die einzelnen Verordnungen hierüber sind jedoch jetzt so umfangreich geworden, daß sie in besonderen Dienstvorschriften niedergelegt werden müssen. 1932 kommt eine solche Vorschrift zunächst für die S.A. und fast gleichzeitig damit eine solche auch für die P.O. heraus. Bis ins kleinste regeln sie jede Einzelheit der Bekleidung, und zum erstenmal liegt auf diese Weise nicht nur eine klare Übersicht über die Zugehörigkeitsabzeichen vor, bei denen 18 verschiedene Gruppen, teils mit mehreren Spiegelfarben, aufgeführt werden, sondern auch über den Dienstanzug, die Dienstgradabzeichen und die Merkmale der verschiedenen Formationen.

Ins Leben gerufen sind nämlich inzwischen auch die Motor=S.A., die Fliegereinheiten, die Marinestürme und die Spielmannszüge. Und auch die

1929. Farbige Spiegel, entsprechend der Zugehörigkeit zu den verschiedenen Landschaften, und Dienstgradabzeichen auf dem Kragen.

Sanitätsführer und Verwaltungsführer haben nun eine besondere Uniform erhalten. Bei ihnen sind es in erster Linie Spiegelabzeichen, die sie charakterisieren. Ein Äskulapstab für die Ärzte, ein A für die Apotheker; teils neben dem Dienstgradabzeichen auf beiden Spiegeln getragen, teils nur auf dem rechten Spiegel angebracht. Dann gibt es weiter jetzt Lorbeerblätter auf den Spiegeln der höheren Verwaltungsführer und Dreiecksterne für die anderen Geldverwalter. Auch das goldene, gezackte Blatt für den Reichszeugmeister und die Buchstaben 3.M. für die Angestellten der Zeugmeistereien müssen erwähnt werden.
Ganz neuartig in dem Uniformbild wirkt besonders aber der farbige Mützenüberzug, den jetzt die Führer, vom Standartenführer aufwärts, soweit sie eine Einheit führen, in ihrer Spiegelfarbe tragen. Von weitem schon sollen diese Führer bei großen Aufmärschen zu erkennen sein.
Und dann sind, worauf jeder einzelne S.A.-Mann jahrelang gewartet, die Tage der Machtergreifung gekommen. Selbstverständlich spielt jetzt die Uniform, von der vorigen Regierung nur ungern geduldet, eine ganz andere Rolle. In Scharen

Während des Uniformverbots besteht die gemeinsame Kleidung aus abzeichenlosem Braunhemd, brauner Kletterweste und blauer Schirmmütze.

melden sich bei allen Formationen die Anwärter, überall entstehen neue Stürme, neue Standarten und neue Untergruppen, so daß die Uniform, mit Stolz und Begeisterung begrüßt, wo sie sich zeigt, bald die Straße beherrscht.
Nicht nur im Dienst wird jetzt das Braunhemd getragen, sondern auch im Beruf, im privaten Kreis und natürlich bei Festlichkeiten. So ergibt sich sehr bald die Notwendigkeit, auch einen Rock einzuführen. Allerdings mit der Bestimmung, daß er nur außerhalb des Dienstes getragen werden darf, denn das braune Hemd ist nun einmal das Ehrenkleid der Bewegung, so daß es als großer Dienstanzug auch weiter bestehen bleibt, ganz abgesehen davon, daß unter allen Umständen, da wo die Truppe geschlossen antritt, ein gleichmäßiger Anzug Bedingung sein muß. Da jeder einzelne S.A.-Mann aber nach wie vor die Mittel für seine Uniform selbst aufzubringen hat, ist natürlich eine allgemeine Einkleidung mit dem Rock unmöglich.
Eingeführt wurde der kleine Dienstrock sowohl bei der S.A. wie bei der S.S. Während aber die ersten Röcke sich im Schnitt noch sehr ähneln, erhält bald jede dieser beiden Organisationen einen besonderen Rockschnitt für sich. Aufgesetzt, und zwar blasebalgartig, sind die Taschen bei dem S.A.-Rock, schräg eingeschnitten dagegen bei dem

Dienstgradabzeichen eines Standartenarztes 1931 bis Frühjahr 1933

Standartengeldverwalter (4 Dreiecksterne in einer Reihe) bis Frühjahr 1933

Untergruppengeldverwalter (Berlin-Süd; Lorbeerblatt) bis Frühjahr 1933

S.S.=Rock. Und auch die Kragen und Revers beider Röcke weichen voneinander ab.

Da der Rock auch Spiegel mit den Formationsnummern und Dienstgradabzeichen erhält, müssen diese bei diesem Anzug auf dem Hemd natürlich fortfallen, und so kommt hier wieder das einfache Braunhemd ohne jede Kennzeichen zu seinem Recht; allerdings mit einem Binder, der dunkler gehalten ist, damit er dem ebenfalls etwas dunkleren Rock gegenüber wirksamer ist. Und auch das Parteiabzeichen fällt jetzt bei diesem zum Rock getragenen Binder fort, weil es mit dem verhältnismäßig hoch geschlossenen Rock kollidieren würde.

Gibt schon dieser Rock selbst der Uniform ein ganz neues Aussehen, so fällt bei ihm noch besonders auf, daß er einseitig, auf der rechten Schulter, ein Achselstück führt, das in den Farben der Kragenumrandung gehalten ist, und zwar bis zum Obertruppführer, ohne Unterschied des Dienstgrades. Erst am 26. Mai 1933 ergeht die Verordnung, die die Einführung neuer, für die einzelnen Dienstgrade verschiedenen Achselstücke regelt und außerdem bestimmt, daß das Achselstück in Zukunft auch auf dem Diensthemd und Mantel zu tragen sei, wo es Amtswalter und Stabswalter schon seit einiger Zeit führten. Gleichzeitig mit dieser Bestimmung erging auch, nachdem am 19. Mai die olivgrüne Farbe für die S.A.=Mäntel festgelegt und die lange schwarze Hose genehmigt war, eine Verfügung über erweiterte neue Dienstgradabzeichen, bedingt durch die stark angewachsenen Formationen. Statt der bisherigen 9 Dienstgrade gibt es nun 17 Chargen, dadurch entstanden, daß neben dem Schar=, Trupp=, Sturm= und Sturmbannführer auch noch Oberschar=, Obertrupp=, Obersturm=, Sturmhaupt= und Obersturmbannführer ernannt wurden, und ganz neu außerdem die Dienstgrade Sturmmann, Rottenführer und Brigadeführer hinzutreten. Eine alte Tradition wird ferner auch mit der Ernennung der Standartenträger zu Kornetts wieder aufgenommen, und völlig neu geregelt werden schließlich die Dienstgrade und Abzeichen für die Sanitäts= und Verwaltungsführer. Nicht nur, daß sie neue Namen erhalten. Der Äskulapstab verschwindet vielmehr jetzt von den Spiegeln, um neu auf einem Ärmeloval wiederzukehren, und bei den Verwaltungsführern sind es die blauen Samtspiegel, die sie nach Abschaffung der Dreiecksterne charakterisieren.

Und dann kommt die Neueinteilung der farbigen Spiegel. Jede Farbe — 11 an der Zahl — erscheint jetzt nicht mehr als zweimal, wobei goldene oder silberne Knöpfe den Unterschied ergeben. Neu ist hierbei auch noch, daß alle preußischen Landesteile, unabhängig von der Spiegelfarbe, schwarz=weiße Schnüre erhalten und ein ähnliches Vorrecht auch Bayern, Sachsen und Hessen eingeräumt wird.

Die größte äußere Umwälzung bringt aber zweifellos die Einführung der farbigen Mützenbänder, wie jetzt der Überzug über den Mützenkopf genannt wird, für die gesamte S.A. Wie einst die höheren Führer an ihnen schon von weitem erkannt werden konnten, ist es durch sie jetzt möglich, auch auf große Distanz jeden S.A.-Mann von einem Angehörigen der P.O. zu unterscheiden. Aus praktischen Gründen erlassen, kommt ein farbenprächtiges Moment durch die an sich anspruchslosen Mützenbänder in die schlichte Uniform, besonders wirksam bei großen Heerschauen, wie sich am 4. September in Nürnberg gezeigt. Hier, bei der größten Parade, die je stattgefunden, erscheinen auch die höheren Führer erstmalig mit ihren neuen Tressen an den Mützen. Durch die Einführung der Mützenbänder für alle Angehörigen der S.A. waren nämlich die Führer zuletzt von weitem nicht mehr kenntlich genug gewesen. Tressen in verschiedenen Breiten, am oberen Rande des Mützenaufschlages angebracht, stellten darum das Erkennungszeichen der Führer wieder her.

Standartenführer 1932 bis Frühjahr 1933. Mütze ohne Zweifarbenschnur und Tresse, da Mützenüberzug nur vom Standartenführer aufwärts getragen. Eichenblatt ohne Eichel und Standartennummer, Parteiabzeichen auf Binder und Achselstück aus Zweifarbenschnur.

Welch eine Entwicklung — uniformgeschichtlich — von der ursprünglichen grauen Hitlermütze bis zu diesen durch Heimatfarben und Dienstgradabzeichen kenntlich gemachten neuen S.A.-Mützen. Deutlich spiegelt sich in dieser Entwicklung das lawinenartige Anwachsen und der gewaltige Machtaufstieg der Bewegung.

Auch die Uniformen der Politischen Organisation haben eine interessante Entwicklung gehabt, bis hier durch Verfügung des Führers vom 20. Januar 1934 ein gewisser Abschluß eintrat. Zwar waren auch im Anfang schon, genau wie heute noch, Gardelitzen und Tressenwinkel die hauptsächlichsten Rangabzeichen für die P.O.-Leiter, die im ersten Jahr der Erhebung als Amtswalter oder Sachwalter und, zusammenfassend, auch als Hoheitsträger bezeichnet werden, dennoch aber war ihre Uniform grundverschieden von dem Dienstanzug, der heute getragen wird. Viel trägt dazu bereits für den ersten Eindruck bei, daß die sogenannte Hitlermütze, zunächst auch von den Hoheitsträgern geführt —, und zwar ohne Mützenüberzug, dafür aber mit Kordel — nun gegen eine Tellermütze ausgewechselt worden ist. Dann aber ist es auch der Fortfall der Schulterkordeln und nicht zuletzt der Verzicht auf besondere Ärmelabzeichen — Winkel, Rauten mit Hoheitszeichen, Parteiabzeichen, Landes- und Stadtwappen für die Abgeordneten —, die hier deutlich einen Unterschied zwischen gestern und heute machen. Hinzu kommt außerdem, daß die Gliederung der P.O. jetzt auch farblich durch Paspelierungen, Spiegelfarben und

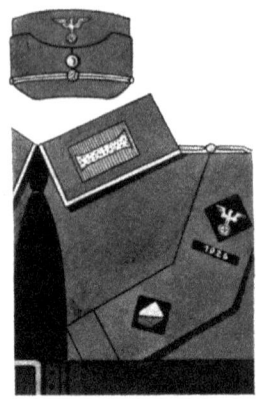

1933 Fraktionsführer eines Länderparlaments. Schulter- u. Mützen-Kordel mit einem Knoten. Raute mit Hoheitszeichen und Quadrat mit Landesfarben.

1933 Amtsleiter der Reichsleitung. Schulter- und Mützen-Kordel mit zwei Knoten. Raute mit Parteiabzeichen und drei Tressenwinkel auf Unterarm.

Mützenband viel stärker betont ist. Während außerdem noch nach der Machtergreifung hinsichtlich der Tuchfarbe für den Dienstanzug keine Farbabstufungen zwischen S.A. und Hoheitsträgern bestanden, ist jetzt auch in dieser Beziehung eine deutliche Trennung wahrnehmbar. Denn die Grundfarbe für den Dienstanzug der P.O.-Leiter ist laut obiger Verfügung nunmehr hellbraun und damit wesentlich verschieden von dem ab 15. November 1933 eingeführten, fast schon in olivgrüne Töne hinüberspielenden Melangebraun der S.A. Manche Veränderungen hat schließlich auch der Anzug der Hitlerjugend durchgemacht. Formationsabzeichen sind hinzugekommen, Dienstgradfarben erweitert, Gliederungsfarben vereinheitlicht worden und kenntlich gemacht durch die schwarzen, dreieckigen Armabzeichen jetzt auch die Gebiete und Obergebiete; ganz abgesehen von der Ausrüstung mit Dienströcken, Mänteln und Fahrtenmessern, von den Veränderungen an den Mützen, die für Führer ebenfalls das Hoheitszeichen erhalten haben, von den schwarzen Schiffchen und den winterlichen, dunkelblauen, Überziehblusen des Jungvolkes.

Wenn trotzdem, wie das ja in der Natur der Dinge liegt — hat doch jede Uniformierung zu allen Zeiten immer wieder Veränderungen notwendig gemacht —, die Bestimmungen für den Dienstanzug der braunen Armee heute vielleicht noch nicht restlos abgeschlossen sind, so ist zweifellos doch hier überall ein gewisser Abschluß erreicht und damit von der N.S.D.A.P. auch uniformgeschichtlich in kürzester Zeit eine gewaltige, bis ins Kleinste durchdachte Organisationsarbeit geleistet worden.

A

Ein großes goldenes gotisches A in einem 5×7 cm großen Oval aus violettem Samt mit Goldschnur eingefaßt, auf dem linken Unterarm getragen, ist das Erkennungszeichen eines Apothekers.

Abgeordnete
Die Abgeordneten der N.S.D.A.P. für den Reichstag tragen je nach ihrem Rang als P.O.-Leiter den Dienstanzug ihrer Rangstufe. Abgeordnete, die Angehörige der S.A. sind, tragen ihren S.A.-Dienstanzug.

Abkürzungen (Siehe Spiegelbeschriftung.)

Abteilungsleiter
P.O.-Leiter dieses Ranges gibt es bei der Reichsleitung, der Gauleitung und der Kreisleitung. Sie unterstehen hier den Amtsleitern.

Der Abteilungsleiter der Reichsleitung trägt auf dem Dienstanzug der P.O.-Leiter (s. d.) karmesinrote Spiegel mit zwei silbernen Gardelitzen. Sein Kragen ist goldgelb paspeliert, ebenso die Mütze, diese hat außerdem ein Mützenband aus dunkelbraunem Samt und eine silberne Mützenkordel.

Der Abteilungsleiter der Gauleitung trägt auf dem Dienstanzug der P.O.-Leiter rote Spiegel mit zwei silbernen Winkeln. Sein Kragen ist rot paspeliert, ebenso die Mütze, die außerdem ein Mützenband aus dunkelbraunem Samt und eine silberne Mützenkordel besitzt.

Der Abteilungsleiter der Kreisleitung trägt auf seinem Dienstanzug der P.O.-Leiter dunkelbraune Samtspiegel mit zwei silbernen Tressenwinkeln. Sein Kragen ist schwarz paspeliert, ebenso die Mütze, die außerdem ein Mützenband aus dunkelbraunem Samt und eine silberne Mützenkordel besitzt.

Achselklappen (Siehe Schulterklappen.)

Achselschnüre (Siehe Achselstücke sowie auch Adjutantenschnur.)

Achselstücke
Sie werden von allen Angehörigen der S.A. und S.S. auf der rechten Schulter getragen, wo sie an der Ärmelnaht angenäht sind und dicht am Kragenrand mit einem kleinen Metallknopf befestigt werden. Und zwar: auf Diensthemd, Dienstrock und Mantel. Sie bestehen bei den unteren Führern aus vier schachbrettartig nebeneinanderliegenden gedrehten Schnüren in der Farbe der Kragenumrandung mit einer durch eine Einlage versteiften Tuchunterlage in der Spiegelfarbe, die auf jeder Seite 2 mm sichtbar ist. Die Breite des Achselstückes beträgt 2 cm.

Die mittleren Führer, vom Sturmführer einschließlich aufwärts bis einschließlich Obersturmbannführer, haben Achselstücke aus vier nebeneinanderliegenden gedreh-

Achselstück für S.A.-Mann bis einschl. Obertruppführer (Gruppe Thüringen)

Achselstück für Sturmführer bis einschl. Obersturmbannführer (Gruppe Westmark)

Achselstück für Standartenführer und Oberführer (Gruppe Westfalen)

Achselstück für Brigadeführer bis einschl. Obergruppenführer (Gruppe Berlin-Brdbg.)

Achselstück für den Chef des Stabes

Achselstück für S.A.- und S.S.-Verwaltungsführer bis einschl. Obertruppführer

Achselstück für San.-Sturmbannarzt-Anwärter bis San.-Obersturmbannführer

ten Gold= oder Silberschnüren in der Knopffarbe auf einer versteiften Tuchunterlage in der Spiegelfarbe, bei einer Breite des Achselstückes von 2 cm.
Standartenführer und Oberführer haben ein geflochtenes Achselstück, das aus drei nebeneinandergelegten doppelt geflochtenen Schnüren besteht, in Gold oder Silber, je nach der Knopffarbe, auf einer versteiften Tuchunterlage in der Spiegelfarbe, bei einer Breite von 2½ cm. Das Tuch der Unterlage ist am Rand 2 bis 4 mm sichtbar.
Brigadeführer, Gruppenführer und Obergruppenführer haben ein vierfach geflochtenes Achselstück aus je einer gedrehten Gold= und Silberschnur auf einer Unterlage in der Spiegelfarbe, bei einer Breite des Achselstückes von 2½ cm. Zur Verhinderung des Durchscheinens des Tuchuntergrundes ist zwischen Unterlage und Geflecht eine 1 cm breite goldene Litze befestigt. Das Tuch der Unterlage ist am Rand 2—3 mm sichtbar.
Der Chef des Stabes trägt das gleiche Achselstück wie vor, jedoch in der Mitte des Achselstückes einen sechszackigen Stern.
Sanitätsführer vom San.=Sturmbannarzt-Anwärter einschließlich bis San.=Obersturmbannführer einschließlich tragen ein Achselstück aus vier nebeneinanderliegenden Schnüren in Gold auf einer Unterlage aus violettem Samt bei einer Breite des Achselstückes von 20 mm.
San.=Standartenführer und San.=Oberführer tragen ein geflochtenes Achselstück in Gold auf einer Unterlage aus violettem Samt bei einer Breite von 25 mm.
San.=Brigadeführer bis San.=Obergruppenführer einschließlich tragen ein geflochtenes Achselstück in Gold und Silber auf einer Unterlage aus violettem Samt bei einer Breite des Achselstückes von 25 mm.

S.A.- und S.S.-Verwaltungsführer tragen bis einschl. Obertruppführer ein Achselstück aus vier nebeneinanderliegenden blauen Schnüren auf blauem Grund in einer Breite von 20 mm. Bei Verwaltungsführern im Range eines Sturmführers bis einschl. Ober-Sturmbannführers besteht das Achselstück aus vier nebeneinanderliegenden Silberschnüren auf blauer Samtunterlage, in einer Breite von 20 mm. Bei Verwaltungsführern im Range eines Standartenführers und Oberführers ist das Achselstück aus Silber geflochten, 25 mm breit, auf blauer Samtunterlage.

Bei der S.S. besteht das Achselstück bis einschließlich Obertruppführer aus schwarzweißer Schnur; vom Sturmführer aufwärts wird das Achselstück aus Silber getragen, vom Standartenführer aus Silber dreifach gedreht. Das Achselstück des Reichsführers ist aus Silber geflochten.

Adjutant

Den Führern von S.A.-Einheiten vom Sturmbann aufwärts sind Adjutanten zugeteilt. Ihr Abzeichen ist die Adjutanten-Schnur (s. nebenstehende Figur).

Adjutantenschnur

Sie wird über die rechte Schulter getragen und unter dem unteren Ende des Achselstückes eingeknöpft. Von hier verläuft sie sowohl vorn als auch von hinten unter der Achsel durch zu dem oberen Knopf des Dienstrockes bzw. zum zweiten Knopf des Diensthemdes. Die Adjutanten-Schnur ist stets in den Farben der Zweifarbenschnur der betreffenden Gruppe gehalten. Die S.S.-Adjutanten-Schnur ist schwarz-silbern.

S.S.-Adjutant im Range eines Sturmbannführers im Ausgehanzug

Amtsleiter

Bezeichnung für die P.O.-Leiter, die unmittelbar entweder dem Reichsleiter, dem Gauleiter, dem Kreisleiter oder dem Ortsgruppenleiter unterstehen.
Der Amtsleiter der Reichsleitung trägt den Dienstanzug der P.O.-Leiter (s. d.) mit karmesinroten Spiegeln, auf denen zwei goldene Gardelitzen aufgestickt sind. Sein Kragen ist goldgelb paspeliert, auch die Mütze ist goldgelb paspeliert; diese hat außerdem ein Mützenband aus dunkelbraunem Samt und eine goldene Mützenkordel.
Der Amtsleiter der Gauleitung trägt auf dem Dienstanzug der P.O.-Leiter rote Spiegel mit zwei silbernen gestickten Gardelitzen. Sein Kragen ist rot paspeliert, ebenso die Mütze, die außerdem ein Mützenband aus dunkelbraunem Samt und eine silberne Mützenkordel besitzt.
Der Amtsleiter der Kreisleitung trägt auf dem Dienstanzug der P.O.-Leiter dunkelbraune Samtspiegel mit zwei silbernen gestickten Gardelitzen. Sein Kragen ist schwarz paspeliert, ebenso die Mütze, die außerdem ein dunkelbraunes Samtband und eine silberne Mützenkordel besitzt.
Der Amtsleiter (auch Stützpunktleiter) der Ortsgruppenleitung trägt auf seinem Dienstanzug der P.O.-Leiter hellbraune Tuchspiegel mit zwei silbernen gestickten Gardelitzen. Sein Kragen ist hellblau paspeliert, ebenso die Mütze, die außerdem ein Mützenband aus hellbraunem Stoff und eine silberne Mützenkordel besitzt.

Anker

Spiegel eines Marinesturms

Das Abzeichen der Marinestürme auf dem rechten Kragenspiegel. Der Anker, unklar, befindet sich hier links von der Sturm- und Standartennummer im oberen, hinteren (linken) Winkel. Ein Anker befindet sich außerdem auch auf den kleinen goldenen Knöpfen, mit denen der Sturmriemen beiderseits an der dunkelblauen Schirmmütze befestigt ist.

Apotheker

Apotheker mit ärztlichem Staatsexamen, im Rang des San.-Sturmführers einschl. aufwärts, tragen in Gold auf beiden aus violettem Samt bestehenden Kragenspiegeln die Dienstgradabzeichen ihres Dienstranges (s. S.A.-Sanitätsführer). Außerdem auf dem linken Unterarm auf einem mit Goldschnur eingefaßten, 5×7 cm großen violetten Oval ein großes goldenes gotisches A (s. d.).

Apotheker-Anwärter

Er trägt — vom 4. klinischen Semester an — den Dienstanzug eines S.A.-Obertruppführers seiner S.A.-Einheit mit einem violetten 5×7 cm großen, mit Goldschnur eingefaßten Oval auf dem linken Unterarm. In dem Oval befindet sich ein großes goldenes gotisches A (s. d.).

Armbinden

Die rote Armbinde mit dem schwarzen Hakenkreuz in weißem Kreis, auf dem linken Oberarm getragen, gehört unter dem Namen „Armbinde" zum großen und kleinen Dienstanzug der S.A. und wird als Bestandteil desselben auch außerhalb des Dienstes getragen. Die S.S. trägt die rote Armbinde mit dem Hakenkreuz auf weißem Kreis noch mit je einem schwarzen Streifen am oberen und unteren Rand. Die Armbinde der Hitlerjugend hat in der Mitte des roten Feldes einen breiten weißen Streifen, das Hakenkreuz jedoch in einem über Eck gestellten weißen Quadrat. Vorschriftsmäßige Armbinden müssen mit einem Stempel der vorgesetzten Dienststelle versehen sein.

SA.-Armbinde   *SS.-Armbinde*   *H.J.-Armbinde*

Neuerdings tragen auch der Stahlhelm und dessen Sporteinheiten als Teil der S.A. die Armbinde der S.A.
Bei Trauer kann ein Trauerflor über der Armbinde getragen werden.
Die Abgeordneten führten bis vor kurzer Zeit Armbinden mit mehreren goldenen Streifen. Als sie besondere Abzeichen auf dem Arm erhielten, sind diese Armbinden dann aber für ungültig erklärt worden. (Siehe auch Sturmband und Horst-Wessel-Armbinde.)

Armscheiben

Auf dem linken Oberarm getragene Abzeichen des Deutschen Jungvolkes. Mit einem Durchmesser von 5,4 cm zeigen sie die Rune in der Farbe der Oberbanne (s. d.). Beim Oberbann 2 (gelb) und Oberbann 6 (weiß) ist die Rune schwarz gehalten, sonst weiß.
Jungbannführer tragen weiße Armscheiben mit einer Einfassung in der Farbe ihrer Oberbanne. Oberjungbannführer tragen gelbe, Gebietsjungvolkführer dunkelrote Armscheiben mit silberner Schnur besetzt, der Obergebietsjungvolkführer eine hellrote Scheibe mit goldener Rune und Goldschnur.

Armscheiben der Jungvolkeinheiten

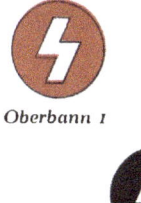   

Oberbann 1   Oberbann 2   Oberbann 3   Oberbann 4

Oberbann 5   Oberbann 6

Armscheiben der Jungvolk-Führer

Obergebiets- Gebietsjung- Oberjungbann- Jungbannführer Jungbannführer
jungvolkführer volkführer führer im Oberbann 1 im Oberbann 2

Jungbannführer Jungbannführer Jungbannführer Jungbannführer
im Oberbann 3 im Oberbann 4 im Oberbann 5 im Oberbann 6

Ärmelabzeichen

Siehe: Armscheiben, Äskulapstab, Apotheker, Hitler=Jugend, Jungvolk, Motor=
sturm, Reichsführerschule, Sanitätsführer, Sanitätsmänner, Technischer Lehrsturm,
Zahnärzte.

Ärzte (Siehe Sanitätsführer.)

Äskulapstab

Ärmelabzeichen der Ärzte

Das Abzeichen der Sanitätsführer, soweit sie min=
destens 4 klinische Semester studiert haben, besteht aus
einem Stab, der von einer Schlange umwunden ist.
Der Äskulapstab hat seinen Namen nach Asklepios, dem
griechischen Gott der Heilkunde, dessen Attribut dieser Stab
ist, der seitdem allgemein als Symbol der Heilkunde gilt.
Er wird in Gold auf dem linken Unterarm in einem
5 × 7 cm großen, mit Goldschnur eingefaßten Oval aus
violettem Samt getragen.

Bei den Marine=Jungstürmen wird der Äskulapstab, und
zwar in Blau aufgestickt, von dem Sanitätsgast auf dem rechten Oberarm unter=
halb des Rangabzeichens getragen.

Ausrüstungsstücke

Zu der Ausrüstung eines S.A.=, S.S.= usw. =Mannes gehören ein Kalbfell=
tornister, ein Kochgeschirr, Brotbeutel, Feldflasche mit Trinkbecher, Decke und
zwei Verbandpäckchen, ferner eine Zeltbahn und Zeltbahnzubehörbeutel usw.

Bannfahne

Das Feldzeichen der Hitler=Jugend; auf rotem
Feld mit weißem Balken (0,45 cm) zeigt sie
einen schwarzen, weiß bewehrten und mit
weißem Hakenkreuz belegten Adler, über dem
auf gelbem Band die Bann=Nummer steht.
Größe 1,45 × 2 cm.

Bann
Bezeichnung für eine Einheit der Hitlerjugend (f. d.), die dem Oberbann untersteht. Der Bannführer trägt auf weißer Schulterklappe ein Eichenblatt mit einer Eichel und rote Führerschnur. Seine Mütze hat ein weißes Mützenband.

Barett
Die Kopfbedeckung des Bundes deutscher Mädels aus schwarzem Samt in der Form der Wagnerkappe.

Besatzstreifen
Die Mützen der Hitlerjugend haben vom Bannführer an aufwärts Besatzstreifen in der Dienstgradfarbe (f. d.).

Betriebszellen (Siehe N.S.B.O.)

Binder
Je nach der Zugehörigkeit zur S.A. oder S.S. wird der Binder in Braun oder in Schwarz getragen. Für Formationen der S.A. ist der Binder zum Diensthemd aus demselben Material (Köper) gefertigt wie das Diensthemd. Zum Dienstrock der S.A. gehört ein dunkelbrauner Binder.
Die S.S. trägt den gleichen schwarzen Binder zum Dienstanzug wie zum Dienstrock. Einen schwarzen Binder tragen auch die Amtswalter. Beim Diensthemd wird auf dem Binder das Parteiabzeichen in Höhe der Taschenknöpfe getragen. Beim neuen Dienstrock haben die Binder keine Parteiabzeichen mehr. (Siehe auch Halstuch.)

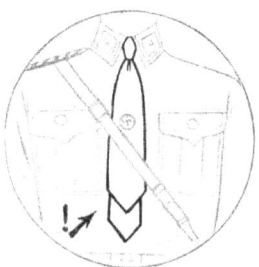

Nach S.A.-D.-V. 185 muß der Binder so gebunden sein, daß beide Enden gleich lang sind und nicht, wie auf obenstehender Abbildung, auf der das untere Ende länger ist

Blockwart (Siehe politische Leiter.)
Der Blockwart ist die unterste Stufe der politischen Leiter einer Ortsgruppe. Sein Dienstanzug besteht aus Dienstrock und Stiefelhose aus hellbraunem Stoff, schwarzen Stiefeln, braunem Hemd, schwarzem Binder, breitem, braunem Lederkoppel, zweireihigem, braunem Mantel mit hellbraunem Kragen und Aufschlägen. Tellermütze mit braunem Schirm und Mützenband aus hellbraunem Stoff sowie silberner Mützenkordel und hellblauer Paspelierung an Mütze und Kragen. Als besonderes Rangabzeichen führt er auf dem Kragen hellbraune Tuchspiegel mit einem silbernen Tressenwinkel.

Bluse (Siehe Dienstbluse.)

Blutfahne
Name für die blutgetränkte Fahne des 9. Novembers 1923. Sie wird vom S.S.-Sturm 1 München (Traditionssturm) geführt und gilt als ein besonders heiliges Zeichen, mit dem durch Berührung die neuen Feldzeichen (Standarten der S.A. und S.S.) geweiht werden.

Braunhemd
Die braune Farbe, die das Erdverbundene andeutet, ist die Lieblingsfarbe Adolf Hitlers, wie sie auch die Bismarcks war.

Bestimmend für das Braunhemd als Dienstanzug war ferner die Frage der Billigkeit, die jedem Pg. die Anschaffung ermöglichen sollte, sodann der deutliche Unterschied gegenüber der Reichswehruniform. Zum erstenmal zeigten sich „Braun=hemden" 1925, nachdem die ersten S.A.-Männer nur graue Windjacken und graue Skimützen mit dem Parteiabzeichen als Kokarde getragen hatten.
Als großer Dienstanzug für die S.A. und S.S. ist das Braunhemd meist aus Köper und indanthren gefärbt, mit zwei aufgesetzten Brusttaschen, silbernen oder gol=denen Metallknöpfen, je nach der Gruppe (bei der S.S. Lederknöpfe) und Achsel=stück (s. d.) auf der rechten Schulter. Bei diesen Formationen hat das Braunhemd als großer Dienstanzug Kragenspiegel und Kragenschnüre.
Amtswalter (s. d.) tragen dasselbe Hemd mit anderen Abzeichen und vom Range des Ortsgruppenleiters ab Schulterkordeln.
Zum Dienstrock kann ein braunes Hemd aus feinerem Material (Popeline) ge=tragen werden, ohne Brusttasche, mit abnehmbarem Kragen und Perlmutter=knöpfen. Es kann in dem bisherigen Braun, aber auch in der neuen Farbe ge=halten sein. Außer Dienst ist einfarbige Wäsche in allen Abstufungen von Braun bis Weiß gestattet.

Brigade
Neue Bezeichnung für die bisherigen Untergruppen. Eine Brigade umfaßt mehrere Standarten.

Brigadeführer
Dienstrang zwischen Oberführer und Gruppenführer, der durch Erlaß Adolf Hitlers vom 26. 5. 1933 neu bei der S.A. und S.S. geschaffen wurde. Die Dienstgradabzeichen (s. d.) des Brigadeführers bestehen aus einem zweiblättrigen Eichenlaub auf beiden Spiegeln mit einem Stern in der vorderen oberen Ecke der Kragenspiegel in Gold oder Silber. Um Kragen, Spiegel und Mützendeckel trägt der Brigade=führer eine Gold= oder Silberschnur, je nach Farbe der Knöpfe. Um den oberen Rand des Mützenaufschlags trägt er die Zweifarbenschnur seiner Gruppe oder seines Stabes. Unmittelbar darunter eine 1½ cm breite Gold= oder Silbertresse, je nach Knopffarbe (s. S.A.=Mütze), jedoch nur dann, wenn er eine S.A.=Einheit führt. Diese Tresse ist kein Dienstgradabzeichen, sondern bezeichnet, daß er eine S.A.=Einheit führt. Stabsführer oder Referenten tragen daher, auch wenn sie den Dienstrang eines Brigadeführers haben, keine Tresse

Brustschild

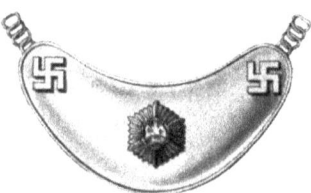

Brustschild der Feldpolizei

Als „Ringkragen" das Abzeichen der Sturm=Fahnenträger und Standartenträger (s. Kornett), die einen achtstrahligen Stern, mit Hoheitszeichen belegt, im herzförmigen Schild führen. Auch die Feldpolizei (s. d.), wenn sie im Dienst ist, führt einen Brust=schild, und zwar nierenförmig mit Polizei=stern, links und rechts vom Hakenkreuz be=gleitet. Unter dem Polizeistern befindet sich hier die Dienstnummer des Beamten.

Buchstaben auf Kragenspiegeln (Siehe Spiegelbeschriftung.)

Bund deutscher Mädels (B.d.M.).

Nachdem kürzlich vorübergehend für den Bund deutscher Mädels ebenfalls eine braune Tracht eingeführt worden war, ist jetzt als Kleidung für alle größeren Gelegenheiten folgende Tracht bestimmt worden: Blauer Rock mit Gürtel, weiße Bluse (im Sommer halbe, im Winter lange Ärmel) und schwarzes Halstuch mit Lederknoten; dazu als Kopfbedeckung schwarze Kappe; im Winter sechsknöpfige braune Kletterweste mit 4 Taschen. Statt der für die braune Tracht eingeführten, auf dem linken Arm getragenen Tressenwinkel, tragen die Führerinnen jetzt wieder Führerschnüre, und zwar:

Mädelschaftsführerin: Schnur in den Landesfarben.
Scharführerin: grüne Schnur,
Gruppenführerin: grün-weiße Schnur,
Ringführerin: weiße Schnur,
Untergauführerin: rote Schnur,
Gauführerin: rot-schwarze Schnur,
Obergauführerin: schwarze Schnur,
Gauverbandführerin: schwarz-silberne Schnur.

B.d.M.-Wimpel
Er zeigt auf schwarzem Felde das B.d.M.-Abzeichen. Bei der Mädelschar (50 × 80 cm) und bei dem Mädelring (60 × 100 cm) besteht für die linke Seite keinerlei Vorschrift. Der Wimpel des Mädeluntergaus (100 × 150 cm) ist dagegen auf beiden Seiten gleich.

Bolle
Die „Bolle" — zwei grüne Wollkugeln an grüner Schnur — ist das Traditionsabzeichen der bayerischen Schützen; sie wird von allen Angehörigen der Schützenstandarte (s. d.) am rechten Taschenknopf getragen.

Chef des Kraftfahrwesens
Er ist gleichzeitig Abteilungschef der Obersten S.A.-Führung, und trägt den Dienstanzug eines Abteilungschefs der Obersten S.A.-Führung.

Chef des Stabes
Nächst dem Obersten S.A.-Führer Adolf Hitler ist der Chef des Stabes (Anrede „Mein Stabschef") der höchste Vorgesetzte der S.A., S.S. und der angeschlossenen Verbände und Formationen. Sein Dienstgradabzeichen ist ein sechszackiger goldener Stern, der von einem goldenen Lorbeerkranz umgeben ist, auf hochroten Spiegeln. Um Kragen, Spiegel, Mützendeckel und Mützenaufschlag trägt er eine Goldschnur. Seine Knöpfe sind golden, der Mützenüberzug hochrot. Der Stabschef trägt ein geflochtenes Achselstück (s. d.) in Gold und Silber, rot unterlegt, 25 mm breit, in der Mitte ein sechszackiger Stern. Anschließend an die um den oberen Rand des Mützenaufschlags laufende Goldschnur trägt er eine 2 cm breite goldene Tresse (s. Gruppen- und Zugehörigkeitsabzeichen).

Dienstanzug
Zum großen Dienstanzug der S.A. gehört: Braunes Diensthemd mit Binder in gleicher Farbe, auf dem das Parteiabzeichen in Höhe der Taschenknöpfe sitzt, braune Stiefelhose mit hohen Stiefeln oder Gamaschen (soweit für Sonderformationen nicht andere Vorschriften gelten), Koppel mit Schulterriemen und S.A.-Mütze (s. d.) mit Hoheitsabzeichen und Sturmriemen. Ferner Orden und Armbinde und für die Führer die Signalpfeifenschnur.
Der große Dienstanzug wird bei großen Aufmärschen und feierlichen Anlässen getragen. Gegenüber dem Pg.-Braunhemd unterscheidet er sich durch den braunen Binder, den Schulterriemen, die Kragenspiegel, die Kragenumrandung und die Dienstgradabzeichen, die von den Pg. nicht getragen werden (s. auch P.O.-Leiter und S.S.).

Dienstbluse
Statt des Diensthemdes ist auch eine Dienstbluse mit Koppelhaken zulässig. Der Schnitt der Bluse ist bis auf die Länge sonst der gleiche wie der des Hemdes. Der untere Rand der Bluse darf unter dem Koppel nicht hervorsehen.

Dienstgradabzeichen
Litzen, Sterne, Eichenlaub und Lorbeerkranz. Sie befinden sich auf dem linken Kragenspiegel bezw. auf beiden Kragenspiegeln (siehe Tafel Dienstgradabzeichen auf Seite 20/21).
Weitere Dienstgradabzeichen sind Achselstücke (s. d.), Silber- und Goldschnüre (s. d.) und Mützentressen (s. d.).
Bei den Marine-Jungstürmen (s. d.) befinden sich Dienstgradabzeichen auch auf dem rechten Oberarm. (Siehe auch P.O.-Leiter und Hitler-Jugend.)

Dienstgradfarben der H.J.

Bei der H.J. sind die Führer vom Bann= bzw. Jungbannführer aufwärts neben ihren Dienstgradabzeichen noch durch Dienstgradfarben kenntlich, die die Grundfarbe der Schulterklappen und Besatzstreifen an der Mütze bzw. der Armscheiben des D.J. bilden. Es bedeuten hier:

Karmesin: Stäbe des Gebietsstabes.
Hellrot: Obergebietsführer bzw. Obergebietsjungvolkführer.
Dunkelrot: Gebietsführer bzw. Gebietsjungvolkführer.
Gelb: Oberbannführer bzw. Oberjungbannführer.
Weiß: Bannführer bzw. Jungbannführer.

Diensthemd (Dienstbluse)

(Siehe Braunhemd.)

Dienstmütze

(Siehe Schirmmütze, Hitlermütze, S.A.=Mütze, Mützenüberzug sowie Marine=S.A. und Wassersportschulen.)

Dienstrock

Er gilt als kleiner Dienstanzug für S.A., S.S. und P.O.=Leiter. Auf dem Kragen befinden sich die Spiegel und Einfassungen, die sonst auf dem Hemd sitzen. Er hat bei der S.A. vier aufgesetzte Taschen und vier gekörnte Metallknöpfe aus Gold oder Silber, je nach der Gruppenzugehörigkeit. Den gleichen Schnitt hat er für die P.O. Bei der S.S. sind nur die Brusttaschen aufgesetzt, während die Seitentaschen schräg eingeschnitten sind und knöpfbare Patten haben (s. Figur Adjutant). Die Ärmel haben Aufschläge, und auf der rechten Schulter befindet sich für S.A. und S.S. ein Achselstück (s. d.). Der Dienstrock besteht für die S.A. aus einem mittleren Olivbraun, dem sich auch Mütze und Hose anzupassen haben, für die S.S. aus schwarzem Tuch. Der Dienstrock der P.O.=Leiter besteht aus hellbraunem Stoff.

Dienstrock der S.A.
(S.A. - Führer im Rang eines Gruppenführers, ohne Formationsführer zu sein)

Dienstgradabzeichen der SA.- und SS.-Führer
(Zu Seite 18)

Chef des Stabes

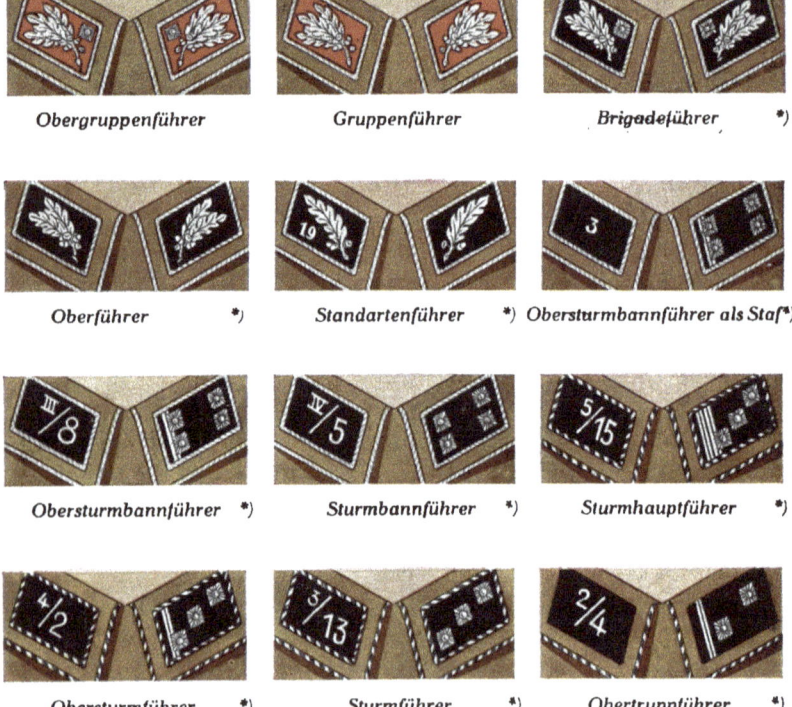

*) hier — schwarze Spiegel und schwarz-weiße Zweifarbenschnur — Gruppe Berlin-Brandenburg.

Truppführer *)	Oberscharführer *)	Scharführer *)
Rottenführer *)	Sturmmann *)	SA.- bzw. SS.-Mann *)

*) hier — schwarze Spiegel und schwarz-weiße Zweifarbenschnur — Gruppe Berlin-Brandenburg.

Dienstgradabzeichen der Sanitätsführer (sämtlich violette Samtspiegel)

Sanitäts-Obergruppenführer   Sanitäts-Gruppenführer

Sanitäts-Brigadeführer   Sanitäts-Oberführer   Sanitäts-Standartenführer

Sanitäts-Obersturmbannf.   Sanitäts-Sturmbannführer   Sanitäts-Sturmhauptführer

 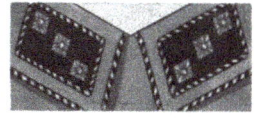 

Sanitäts-Obersturmführer   Sanitäts-Sturmführer   San.-Sturmbannarzt-Anw.

Dolch der S.A.

Ab 1. Februar 1934 gehört zum Anzug der S.A. ein Dolch. Er wird entweder am Koppel getragen, wo er mit dem Karabinerhaken in eine Schlaufe eingehängt wird, die sich drei Finger links neben der Schlaufe des Schulterriemens befindet, er kann aber auch in einem Ring eingehängt werden, der in der linken Rock= oder Manteltasche 1 cm vor der Vorderkante angebracht ist. Zum großen Dienstanzug Dolch nur am Koppel. In Lokalen und im Theater, wo das Koppel abgelegt werden darf, wird der Dolch in den Taschenring eingehängt. Abgelegt werden darf der Dolch nur in Privatgesellschaften. Wird das Koppel unter dem Mantel getragen, so muß der Dolch an dem Ring des Mantels eingehängt und außerhalb des Mantels getragen werden.

Edelweiß

Angehörige der Gruppe Hochland tragen an der linken Seite der Dienstmütze ein Edelweiß aus Metall.

Ehrenhalber

Zugeteilte S.A.=Führer.

Mütze eines S.A.-Führers z. V.

Sie tragen den Dienstanzug und die Abzeichen jener Einheiten oder Dienststellen, denen sie zugeteilt sind. Die dem Stab des Obersten S.A.=Führers Zugeteilten karmesinrote, die einer Obergruppe oder Gruppe Zugeteilten hochrote Spiegel und Mützenbänder.

Zur Verfügung gestellte S.A.=Führer (S.A.=Führer z. V.)

Die zur Verfügung der S.A. gestellten Führer tragen Dienstanzug mit Abzeichen der letzten Dienststelle, die sie bekleideten, jedoch ohne Silber= oder Goldtressen um den Mützenaufschlag. Spiegel, Unterlage des Achselstückes und Mützenaufschlag grau.

Verabschiedete S.A.=Führer.

Verabschiedete S.A.=Führer können auf eigenen oder auf Antrag der vorgesetzten Dienststelle das Recht erhalten, den bisherigen Dienstanzug bei festlichen Gelegenheiten zu tragen. Sie sind jedoch nicht mehr Angehörige der S.A. Bezüglich Tressen und Abzeichen gilt das gleiche wie für S.A.=Führer z. V. Sie haben außerdem gemäß S.A.=D.V. ein goldenes bzw. silbernes V auf den äußeren Seiten der Spiegel auf dem Kragen zu tragen.

Zu Ehrenführern ernannte und zur Ehrendienstleistung
(à la suite) einer Standarte (S.A., S.S., St.) gestellte Männer.

Sie tragen den Dienstanzug der Standarte wie der Führer der Standarte, jedoch ohne Gold- oder Silbertresse um den Mützenaufschlag, an den Spiegeln das Eichenlaub mit der Standarten-Nummer und 3 Sternen.

Ehrenzeichen (Siehe Orden.)

Eichenblatt
Das Dienstgradabzeichen für den Standartenführer (1 Blatt), für den Oberführer bzw. Führer einer Brigade (2 Blätter), für den Brigadeführer (2 Blätter und 1 Stern), für den Gruppenführer (3 Blätter) und für den Obergruppenführer (3 Blätter mit 1 Stern). Vom Oberführer aufwärts heißen die Eichenblätter Eichenlaub. Alle Eichenblätter haben neuerdings eine bzw. 2 Eicheln.

Fahnen
(Siehe Standarte, Feldzeichen und Sturmfahnen, Flaggen für Reiterstürme und Motorstander.)

Fahnenschuh (Siehe Standartenträger.)

Fahnenspiegel (Siehe Sturmfahne.)

Fahnenträger
Die Fahnenträger der Sturmfahne und der Standarte (des Feldzeichens) führen die Bezeichnung Kornett und haben den Dienstgrad eines Scharführers bis Sturmführers. Als besondere Abzeichen haben diese Fahnenträger, wenn sie die Fahnen, Flaggen, Motorstander oder das Feldzeichen tragen, einen Ringkragen.

Fähnlein
Einheit des D.J., entsprechend der Gefolgschaft bei der H.J. Sein Führer trägt eine grün-weiße Führerschnur.

Fahrtenmesser
Von der H.J. an der linken Seite getragener ca. 25 cm langer Dolch mit H.J.-Abzeichen auf dem Griff.

Fangschnur
(Hat früher bei Motor-S.A.-Einheiten bestanden) siehe auch Adjutantenschnur.

Scharführer aes preußischen Feldjägerkorps

Feldjägerkorps (in Preußen)

Die Uniform des Feldjägerkorps ist aus olivbraunem Grundtuch gefertigt. Der Rock hat den Schnitt der sogenannten Polizei-Rockbluse mit einem Kragen aus Grundtuch; am Kragen, an den Ärmelaufschlägen und Vorderteilen sowie um den Kragenspiegel Vorstoß aus weißem Abzeichentuch; vom Feldjägersturmbannführer einschließlich aufwärts am Kragen Vorstoß aus goldener Schnur. Die Brusttaschen sind aufgesetzt, die Seitentaschen eingelassen, beide mit Patten. Die Front hat acht mattgoldene Knöpfe, bei umgelegtem Leibriemen liegt das Schloß auf dem untersten Knopf; Brust- und Seitentaschen haben je einen kleinen mattgoldenen Knopf. Die Kragenspiegel sind weiß und haben auf dem rechten Kragenspiegel einen goldenen Polizeistern.

Die Mütze, in S.A.-Form, hat olivbraunes Grundtuch, ein weißes Mützenband, silbernes Hoheitsabzeichen und an Stelle des Knopfes einen goldenen, erhabenen Polizeistern. Das Achselstück ist weiß unterlegt. Zur Dienstuniform gehört ein weißmetallener Ringkragen mit zwei Hakenkreuzen, Polizeistern, Abteilungs- und Dienstnummer in Messing. Er wird an einer weißmetallenen Doppelgliederkette mit dem Einhängehaken im dritten obersten Knopfloch getragen. Die Signalpfeife hat eine geflochtene weiße Schnur.

Die lange schwarze Hose — ebenso wie die Stiefelhose aus olivbraunem Grundtuch — hat Biesen aus weißem Abzeichentuch. Zu ihr werden, im Gegensatz zu den braunen Marschstiefeln, schwarze Zugstiefel getragen. Der Mantel hat ebenfalls olivbraunes Grundtuch mit einem Kragen aus dunkelbraunem Tuch, braunen Revers und weißem Vorstoß.

Feldscher

Bezeichnung für Hitler-Jungen, die im Sanitätsdienst ausgebildet sind. Abzeichen: Genfer Kreuz, Durchmesser 5,5 cm (f. d.), auf linkem Unterarm.

Fliegerabzeichen

Das S.A.-Fliegerabzeichen wurde in zwei Arten verliehen:
a) für Flugzeugführer auf himmelblauer Tuchunterlage ein silbergestickter Doppelflügel mit einem schwarzen Hakenkreuz auf weißem Feld in silbergesticktem Ring mit schwarzen Punkten (Propellernabe);
b) für Flugzeugorter wie unter a), jedoch mit rotgesticktem Ring mit silbernen Punkten.
Das Abzeichen für S.A.-Flieger, von der Obersten S.A.-Führung verliehen, gesetzlich geschützt und im freien Handel nicht erhältlich, wird auf der Dienstbluse oder dem Dienstrock aufgenäht, und zwar derart, daß es ungefähr 1 cm über einer etwa vorhandenen Ordensspange liegt. Der Mittelpunkt des Abzeichens muß genau über dem Knopf der linken Brusttasche sein.

Flieger

Die Fliegerstürme der S.A. und S.S. — f. Zt. durch einen geflügelten Propeller, entsprechend der Farbe der Knöpfe aus gelbem oder weißem Metall, in der hinteren Ecke des Kragenspiegels kenntlich —, sind seit September 1933 in den „Deutschen Luftsportverband" übergeführt. Die Angehörigen der bisherigen Fliegerersatzstürme sind kürzlich den Technischen Lehrstürmen (f. d.) überwiesen worden.
Als Flieger ausgebildete H.J. (f. d.) tragen auf dem linken Unterarm eine liegende hellblaue Raute mit geflügeltem, weißem Propeller.

Uniform der ehem. Fliegerstürme

Flugzeugführer

Sie sind kenntlich durch das Flugzeugführerabzeichen (f. d.).

Flugzeugorter

Sie sind kenntlich durch ein ähnliches Abzeichen wie die Flugzeugführer (f. Fliegerabzeichen).

Führer

S.A.- und S.S.-Führer sind an den Dienstgradabzeichen (f. d.), die sich am Kragenspiegel befinden, erkenntlich. Der oberste S.A.-Führer (Osaf), Adolf Hitler, trägt keinerlei Abzeichen. Ihm im Rang am nächsten steht der Chef des Stabes. Es folgen dann:

Obergruppenführer,
Gruppenführer,
Brigadeführer,
Oberführer,
Standartenführer,
Obersturmbannführer,
Sturmbannführer,
Sturmhauptführer,
Obersturmführer,
Sturmführer,
Obertruppführer,
Truppführer,
Oberscharführer,
Scharführer,
Rottenführer,
Sturmmann.

(Näheres hierüber bei den betreffenden Rangstufen.)

Führerkoppel

Das Koppel der Führer unterscheidet sich bei der S.A. von dem gewöhnlichen Leibriemen dadurch, daß es statt des Koppelschlosses (s. d.) durch eine Doppeldornschnalle geschlossen wird (s. Fig. S. 25 und Zweidornschnalle). Bei der S.S. tragen Führer ein Koppelschloß in der Art des Schlosses der Marinefeldbinden (s. Fig. Adjutant).

Führerschnur (Siehe Signalpfeife.)

Führerschule (Siehe Reichsführerschule.)

Führersignalpfeife (Siehe Signalpfeife.)

Führersterne (Siehe Sterne bzw. Dienstgradabzeichen.)

Fußbekleidung (Siehe Stiefel.)

Gamaschen (Siehe Ledergamaschen bzw. Wickelgamaschen.)

Gardelitzen

Abzeichen für die höheren Rangstufen der P.O.-Leiter, die sie auf ihren Spiegeln tragen.

Goldene Gardelitzen führen auf karmesinroten Spiegeln die Amtsleiter der Reichsleitung, auf dunkelbraunen Samtspiegeln die Kreisleiter und auf hellbraunen Tuchspiegeln die Ortsgruppenleiter.

Silberne Gardelitzen werden geführt von den Abteilungsleitern der Reichsleitung (karmesinrote Spiegel), den Amtsleitern der Gauleitung (rote Spiegel); den Amtsleitern der Kreisleitung (dunkelbraune Samtspiegel) und den Amtsleitern der Ortsgruppenleitung (hellbrauner Tuchspiegel).

Gauleiter

Er trägt auf dem Dienstanzug der P.O.-Leiter (s. d.) rote Spiegel mit doppeltem goldenem Eichenlaub. Sein Kragen ist rot paspeliert, ebenso seine Mütze, die ein

Mützenband aus dunkelbraunem Samt und eine goldene Mützenkordel besitzt. Gauleiter-Stellvertreter tragen ein einfaches Eichenlaub auf den Spiegeln.

Gebiet
Bezeichnung für die zweitoberste Stufe der Hitlerjugend. Zur Zeit bestehen 21 Gebiete, und zwar:

1. Ostland	8. Niedersachsen	15. Mittelland
2. Kurmark	9. Westfalen	16. Sachsen
3. Berlin	10. Ruhr-Niederrhein	17. Thüringen
4. Schlesien	11. Mittelrhein	18. Franken
5. Ostsee	12. Westmark	19. Hochland
6. Nordmark	13. Hessen-Nassau	20. Württemberg
7. Nordsee	14. Kurhessen	21. Baden

Der Gebietsführer trägt auf den Schulterklappen zwei Eichenblätter, eine schwarze Führerschnur und um den unteren Mützenteil ein rotes Band.

Gefolgschaft
Bezeichnung für eine Einheit der Hitlerjugend, die aus verschiedenen Scharen gebildet wird und dem Unterbann untersteht.
Der Gefolgschaftsführer trägt auf den Schulterklappen drei Sterne sowie eine grün-weiße Führerschnur (s. Hitlerjugend, Tafel Dienstgradabzeichen).

Geldverwalter
Verwaltungsführer eines Sturms. Er trägt je nach dem verliehenen Dienstgrad (Truppführer oder Obertruppführer) bei S.A. und S.S. das Abzeichen dieses Dienstgrades in Silber auf den beiden Kragenspiegeln, die aus hellblauem Samt sind, ohne Sturm-, Sturmbann- und Standartennummer. Als Schnurumrandung eine blaue Schnur. Das 20 mm breite Achselstück besteht aus vier nebeneinanderliegenden blauen Schnüren auf blauem Grund und ist mit einem Silberknopf befestigt. Mützenband in der Spiegelfarbe der Gruppe.
Beim Dienstgrad Obertruppführer ist die 5 mm breite Litze weiß; in der Mitte befindet sich ein 1 mm breiter blauer Längsfaden. Bei der S.S. ist die Litze weiß mit schwarzem Längsfaden.

Gemeindevertreter
Sie tragen den Dienstanzug, der ihnen nach ihrem Range als P.O.-Leiter (s d.) zusteht.

Genfer Kreuz
Gleicharmiges rotes Kreuz (Balkenbreite 25 mm, ganze Balkenlänge 70 mm) in einem 8½ cm Durchmesser großen weißen Kreis. Es wird vom San.-S.A.-Mann bis einschl. San.-Sturmführer ohne ärztliches Staatsexamen am linken Oberarm oberhalb der Armbinde getragen.

*Scharführer der S. A. im Gesellschaftsanzug
(Gruppe Berlin-Brandenburg)*

Gesellschaftsanzug

Zum Gesellschaftsanzug gehört der kleine Dienstrock und bei der S.A. die lange schwarze Hose mit oder ohne Stege; außer Dienst kann zum kleinen Dienstrock einfarbig weiße Wäsche und Kragen getragen werden. Der Binder bleibt braun. An der langen schwarzen Hose wird eine hochrote Biese von 3 mm Breite getragen. Den Dienstgraden vom Sturmführer einschließlich abwärts wird das Tragen der Biese an der langen schwarzen Hose freigestellt. Die S.S. trägt weiße Biesen. Dazu entweder schwarze Schnürschuhe oder, wenn die Hose mit Stegen getragen wird, Stiefeletten. Bei Hosen ohne Stege sind schwarze Strümpfe zu tragen. Je nach dem Grad der Feierlichkeit kleine oder große Ordensschnalle (s. Figur).

Gliederung der S.A. (Siehe S.A.)

Gliederungsfarben der H.J.
Die Schulterklappen und die Mützendeckel der H.J. sowie die Armscheiben des D.J. bezeichnen durch ihre verschiedene Farbe die Zugehörigkeit zu einem bestimmten Oberbann. Es bedeuten hierbei in jedem Gebiet:

Rot . . Oberbann 1   Grün . . Oberbann 3   Schwarz . Oberbann 5
Gelb . . Oberbann 2   Blau . . Oberbann 4   Weiß . . Oberbann 6

Goldschnur
Die Umrandung der Kragen, Spiegel, Mützendeckel und des Mützenaufschlages des Stabschefs. Auch Sturmbannführer bis einschl. Brigadeführer tragen die Goldschnur, soweit sie goldene Knöpfe haben; diese jedoch nur um Kragen, Spiegel und Mützendeckel.
Desgleichen tragen die Goldschnur um Kragen, Spiegel und Mützendeckel die S.A.-Sanitätsführer, vom Sanitäts-Sturmbannführer aufwärts.
Sanitätsgruppenführer und Sanitäts-Obergruppenführer tragen außerdem die Goldschnur noch um den Mützenaufschlag.

Gruppenabkürzungen
Die Angehörigen der Gruppenstäbe tragen auf ihren Kragenspiegeln Abkürzungen mit folgender Bedeutung:

B	= Berlin-Brandenburg	Om	= Ostmark	P	= Pommern
BO	= Bayer. Ostmark	He	= Hessen	Sa	= Sachsen
Fr	= Franken	Ho	= Hochland	S	= Schlesien
Ha	= Hansa	Mi	= Mitte	Sw	= Südwest
No	= Nordsee	Nrh	= Niederrhein	Th	= Thüringen
Oe	= Oesterreich	Ns	= Niedersachsen	Wm	= Westmark
Ost	= Ostland	Nm	= Nordmark	Wf	= Westfalen

Gruppen- und Zugehörigkeitsabzeichen (Siehe Tafeln der nächsten Seiten.)
Gruppenfarben
(Siehe Tafel: Gruppen- und Zugehörigkeitsabzeichen auf den Seiten 30—33.)

Gruppenführer
Er trägt auf beiden hochroten Spiegeln je ein dreiblättriges silbernes Eichenlaub und um den Mützendeckel, Mützenaufschlag, Spiegel und Kragen eine Silberschnur. Anschließend an die Silberschnur des Mützenaufschlags eine 2 cm breite silberne Tresse, jedoch nur, wenn er eine höhere S.A.-Einheit führt oder Abteilungschef der obersten S.A.-Führung ist (s. d. und Gruppen- und Zugehörigkeitsabzeichen). Außerdem auf der rechten Schulter ein geflochtenes Achselstück (s. d.) in Gold und Silber, 25 mm breit, rot unterlegt.

Gruppenspiegel (Siehe auch Gruppenabkürzungen.)
Angehörige der Stäbe der Gruppen führen auf dem rechten Kragenspiegel die Abkürzung ihrer Gruppen. Für Dienstgrade bis einschließlich Obersturmbannführer ist die Abkürzung (große Buchstaben 22 mm, kleine Buchstaben 11 mm hoch) weiß eingestickt, vom Standartenführer aufwärts wird sie unterhalb des Dienstgradabzeichens in Metall (große Buchstaben 7 mm hoch und 4 mm breit, kleine Buchstaben 5 mm hoch und 4 mm breit) auf dem rechten Kragenspiegel angebracht.

Gruppen- und Zugehörigkeitsabzeichen

Ostland

(dunkelweinrote Spiegel, weiße Nummern, schwarz-weiße Schnüre und Litzen, goldene Knöpfe)

Berlin-Brandenburg

(schwarze Spiegel, weiße Nummern, schwarz-weiße Schnüre und Litzen, silberne Knöpfe)

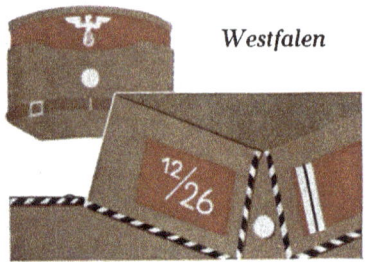

Westfalen

(dunkelweinrote Spiegel, weiße Nummern, schwarz-weiße Schnüre und Litzen, silberne Knöpfe)

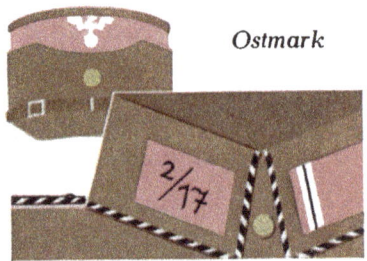

Ostmark

(rosarote Spiegel, schwarze Nummern, schwarz-weiße Schnüre und Litzen, goldene Knöpfe)

Niederrhein

(schwarze Spiegel, weiße Nummern, schwarz-weiße Schnüre und Litzen, goldene Knöpfe)

Pommern

(apfelgrüne Spiegel, weiße Nummern, schwarz-weiße Schnüre und Litzen, goldene Knöpfe)

Thüringen

(apfelgrüne Spiegel, weiße Nummern, weiß-hochrote Schnüre und Litzen, silberne Knöpfe)

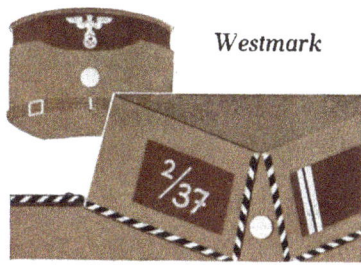

Westmark

(dunkelbraune Spiegel, weiße Nummern, schwarz-weiße Schnüre und Litzen, weiße Knöpfe)

Nordmark

(smaragdgrüne Spiegel, weiße Nummern, schwarz-weiße Schnüre und Litzen, goldene Knöpfe)

Niedersachsen

(dunkelbraune Spiegel, weiße Nummern, schwarz-weiße Schnüre und Litzen, goldene Knöpfe)

Mitte

(orangegelbe Spiegel, schwarze Nummern, schwarz-weiße Schnüre und Litzen, goldene Knöpfe)

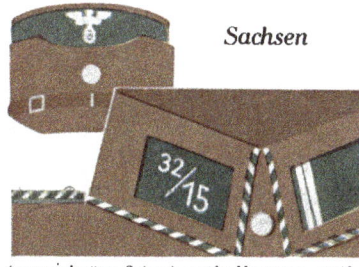

Sachsen

(smaragdgrüne Spiegel, weiße Nummern, weiß-smaragdgrüne Schnüre und Litzen, silberne Knöpfe)

Südwest

(orangegelbe Spiegel, schwarze Nummern, schwarz-orangegelbe Schnüre und Litzen, silberne Knöpfe)

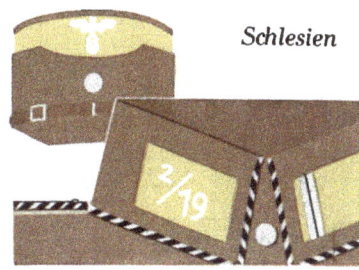

Schlesien

(schwefelgelbe Spiegel, weiße Nummern, schwarz-weiße Schnüre u. Litzen, silberne Knöpfe)

Franken

(schwefelgelbe Spiegel, schwarze Nummern, weiß-blaue Schnüre, und Litzen, goldene Knöpfe)

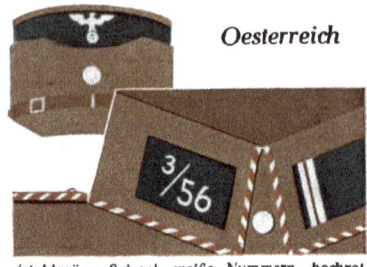

Oesterreich

(stahlgrüne Spiegel, weiße Nummern, hochrot-weiße Schnüre und Litzen, silberne Knöpfe)

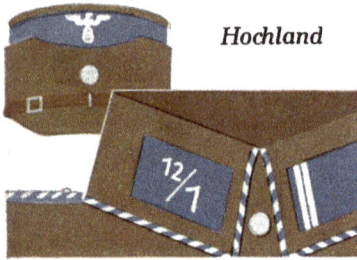

Hochland

(hellblaue Spiegel, weiße Nummern, weiß-hellblaue Schnüre und Litzen, silberne Knöpfe)

Nordsee

(stahlgrüne Spiegel, weiße Nummern, schwarz-weiße Schnüre und Litzen, goldene Knöpfe)

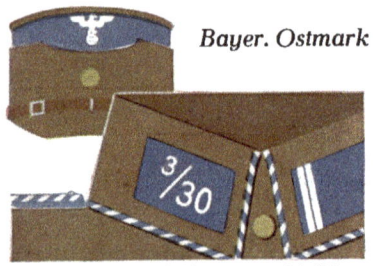

Bayer. Ostmark

(hellblaue Spiegel, weiße Nummern, weiß-hellblaue Schnüre und Litzen, goldene Knöpfe)

Hansa

(marineblaue Spiegel, weiße Nummern, hellblau-schwefelgelbe Schnüre und Litzen, goldene Knöpfe)

Hessen

(marineblaue Spiegel, weiße Nummern, hellblau-hochrote Schnüre und Litzen, silberne Knöpfe)

Chef des Stabes

(hochrote Spiegel, goldene Schnüre und Knöpfe)

Stab der Obersten S.A.-Führung, Chef des Kraftfahrwesens, des Ausbildungswesens, General-Inspekteur, Reichsführerschule

(karmesinrote Spiegel, karmesin-goldene [v. Obertruppführer einschl. abwärts karmesin-orangegelbe] Schnüre und Litzen, goldene [Gruppenführer und Obergruppenführer silberne] Knöpfe) *)

Obergruppenstäbe und Gruppenstäbe

(hochrote Spiegel, hochrot-silberne, vom Obertruppführer einschl. abwärts hochrot-weiße Schnüre und Litzen, silberne Knöpfe) *)

S.A.-Sanitätsführer

(violette Samtspiegel; bis einschl. San.-Sturmhauptführer violette, ab San.-Sturmbannführer goldene Schnüre; gelb-violette Litzen, gold. Knöpfe u. Dienstgradabzeichen, Mützenkopf in Gruppenfarbe) *)

S.A.-Verwaltungsführer

(hellblaue Samtspiegel; bis einschl. Sturmhauptführer blaue, ab Sturmbannführer silberne Schnüre; weiß-blaue Litzen, silberne Knöpfe und Dienstgradabzeichen, Mützenkopf in Gruppenfarbe) *)

*) bezüglich genauer Dienstgradabzeichen siehe die Tafeln auf S. 20/21

Gruppenschnur
Die Zweifarbenschnur um den Kragen; sie wird bis einschließlich Sturmführer getragen. Beim Sturmführer auch um Spiegel und Mützendeckel. Standartenführer, Oberführer oder Brigadeführer tragen die Zweifarbenschnur um den oberen Rand des Mützenaufschlages. (Siehe Tafel: Gruppen- und Zugehörigkeitsabzeichen sowie Dienstgradabzeichen.)

Gruppenspiegel
Die Angehörigen der Gruppen- und Obergruppenstäbe tragen hochrote Spiegel.

Hakenkreuz
Die Sonnen- und Siegrune der alten Germanen. Die N.S.D.A.P. sieht nach Adolf Hitler in seinem Buch „Mein Kampf" im Hakenkreuz „die Mission des Kampfes für den Sieg des arischen Menschen und zugleich mit ihm auch den Sieg des Gedankens der schaffenden Arbeit, die selbst ewig antisemitisch war und antisemitisch sein wird".

Hakenkreuzbinde (Siehe Armbinde.)

Hakenkreuztressen (Siehe Tressenwinkel.)

Halbschuhe
Braun oder schwarz, dazu weiße oder hellgraue Strümpfe, werden von der Brigade München-Oberbayern und der Standarte 20, die der Gruppe Hochland angehört, im Sommer zur kurzen Lederhose getragen.

Halsbinde
Sie gehört zum Diensthemd und darf nicht durch einen Kragen ersetzt werden.

Halstuch
Es wird von der Hitlerjugend und dem Jungvolk statt des Binders getragen. Es ist schwarz und hat die Form eines Quadrates. Zum Dreieck zusammengelegt, werden seine beiden Zipfel unterhalb des Kragens vorn durch einen Lederknoten (s. d.) zusammengehalten.

Handschuhe
Die Handschuhfarbe für die S.A. ist Braun oder Grau. (Wolle oder Leder.) Handschuhe dürfen nur von geschlossenen Einheiten, nicht jedoch von einzelnen S.A.-Führern oder -Männern in geschlossenen Abteilungen getragen werden. Auch farblich soll in geschlossenen Abteilungen Gleichheit herrschen.

Heckflagge (Siehe Kraftbootabteilung.)

Hemden (Siehe Braunhemd, Dienstbluse, Weiße Wäsche.)

Hitlerjugend

Sommerdienstanzug mit Kniehosen und Halbschuhen *Dienstrock mit Stiefelhosen (Winter)* *Hitlerjugend-Mantel mit aufgesetzten Brusttaschen*

Angehörige der Hitlerjugend (14—18jährige Jungen) tragen, mit der Grundfarbe Hellbraun, folgenden Anzug: Braunes Hemd mit Schulterklappen und Lederknöpfen, braune Hose — im Sommer Kniehose mit braunen Halbschuhen, im Winter

| Adjutant | Arzt | Feldscher | Flieger | Kraftfahrer |
| Nachrichten | Pionier | Reiter | Verwalter | Veterinär |

Gliederungsfarben

Oberbann 1: rot   Oberbann 2: gelb

Oberbann 3: grün   Oberbann 4: blau

Oberbann 5: schwarz   Oberbann 6: weiß

Stiefelhose mit hohen Stiefeln—(Pioniere: schwarze Hose), braune Schirmmütze (s. Hitlerjugendmütze), braunes Koppel mit Schulterriemen und Fahrtenmesser sowie einreihigen braungrünen Mantel mit aufgesetzten Brusttaschen, herausgeklappten Kragenaufschlägen und Lederknöpfen. Außer Dienst kleiner Dienstrock im Schnitt des Dienstrockes der S.A. Die rote Armbinde (s. d.) zeigt das Hakenkreuz in weißer Raute und hat in der Mitte einen breiten weißen Querstreifen. Über der Binde befindet sich das schwarze dreieckige Armabzeichen des Gebiets und Obergebiets. Formationsabzeichen usw. auf dem linken Unterarm.

Schulterklappen und Mützendeckel sind mit sogenannten Gliederungsfarben eingefaßt; in derselben Farbe sind auch die Nummern gehalten; es bedeuten hier, für jedes Gebiet sich wiederholend:

Rot: Oberbann 1   Blau: Oberbann 4
Gelb: Oberbann 2   Schwarz: Oberbann 5
Grün: Oberbann 3   Weiß: Oberbann 6

Die Dienstgradabzeichen bestehen in Sternen oder Eichenblättern auf den Schulterklappen, ferner, vom Bannführer aufwärts, in Dienstgradfarben für Schulterklappen und Besatzstreifen an der Mütze (vom Bannführer aufwärts mit Lederschirm), wobei bedeuten:

Weiß: Bannführer
Gelb: Oberbannführer
Dunkelrot: Gebietsführer
Hellrot: Obergebietsführer
Karmesinrot: Stäbe von Gebietsstab an.

Die Führer tragen folgende Schnüre:

Kameradschaftsführer: Landesfarben
Scharführer: Grün
Gefolgschaftsführer: Grün-Weiß
Unterbannführer: Weiß
Bannführer: Rot
Oberbannführer: Rot-Schwarz
Gebietsführer: Schwarz
Obergebietsführer: Schwarz-Silber
Stabsführer R.J.F.: Schwarz-Gold

Schwalbennester, Trommeln, Tambourstöcke und ähnliche Ausrüstungsgegenstände sind in rot-weißen Farben gehalten.

Dienstgradabzeichen

Stabsführer:
Schulterklappen: karmesin, mit dreiblättrigem, goldenem Eichenlaub und zwei Sternen
Mützenstreifen: karmesin
Führerschnur: schwarz-gold

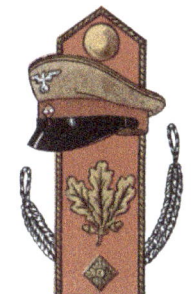

Obergebietsführer:
Schulterklappen: hellrot, mit dreiblättrigem, goldenem Eichenlaub und einem Stern
Mützenstreifen: hellrot
Führerschnur: schwarz-silber

Gebietsführer:
Schulterklappen: dunkelrot, mit dreiblättrigem, silbernem Eichenlaub
Mützenstreifen: dunkelrot
Führerschnur: schwarz

Oberbannführer:
Schulterklappen: gelb, mit zweiblättr., silb. Eichenlaub
Mützenstreifen: gelb
Führerschnur: rot-schwarz

Bannführer:
Schulterklappen: weiß mit silbernem Eichenblatt
Mützenstreifen: weiß
Führerschnur: rot

Unterbannführer:
Schulterklappen: 4 Sterne
Führerschnur: weiß

Gefolgschaftsführer:
Schulterklappen: 3 Sterne
Führerschnur: grün-weiß

Scharführer:
Schulterklappen: 2 Sterne
Führerschnur: grün

Kameradschaftsführer:
Schulterklappen: 1 Stern
Führerschnur: Landesfarben

Hitlerjugendmütze

Braune Schirmmütze nach Art der ehemaligen Offiziersfeldmützen, mit Kinnriemen und Hitlerjugendabzeichen als Kokarde (s. Abbildg.). Vom Kameradschaftsführer aufwärts mit Hoheitsabzeichen und Hitlerjugendabzeichen.

Hitlermütze

(im Volksmund) die Bezeichnung für die braune Mütze der Organisationen der N.S.D.A.P. Der Mützenrand soll parallel zu den Augenbrauen laufen, so daß die Mütze keinesfalls den ganzen Hinterkopf bedeckt (s. auch S.A.-Dienst-Mütze).

Hochland

Die Standarten dieser Gruppe tragen im Sommer die kurze Lederhose; dazu weiße oder hellgraue Strümpfe und braune oder schwarze Halbschuhe (s. Figur zu Kniehose S. 40).

Höhere Führer

Die Dienstgrade der S.A. und S.S. vom Standartenführer aufwärts: Standartenführer, Oberführer, Brigadeführer, Gruppenführer, Obergruppenführer, Chef des Stabes.

Höhere Stäbe

Sie unterscheiden sich durch besondere Farben für die Spiegel und Schnüre. Es tragen der Stab der Obersten S.A.-Führung und die ihr unmittelbar unterstellten Gliederungen, mit Ausnahme des Chefs des Stabes, der hochrote Spiegel hat, karmesinrote Spiegel mit golden-karmesinroten Schnüren (vom Obertruppführer einschl. abwärts orangegelb-karmesinrot) vom Sturmbannführer aufwärts Goldschnüre und goldenen (Gruppenführer und Obergruppenführer silbernen) Knöpfen. Die Obergruppen- und Gruppenstäbe tragen hochrote Spiegel und silbern-hochrote (vom Obertruppführer einschl. abwärts weiß-hochrote), vom Sturmbannführer aufwärts silberne Schnüre mit silbernen Knöpfen (siehe auch Tafel: Gruppen- und Zugehörigkeitsabzeichen).

Hoheitsabzeichen

Es besteht aus einem stilisierten aufliegenden Adler, der in den Fängen einen Eichenkranz trägt, in dem sich das Hakenkreuz befindet. Das Hoheitsabzeichen wird in Silber von der S.A. und S.S. und Führern der H.J. auf der Dienstmütze getragen; außerdem befindet es sich auf dem Koppelschloß (s. d.). Auch P.O.-Leiter tragen das Hoheitsabzeichen an der Mütze. In Gold trägt das Hoheitsabzeichen nur Adolf Hitler.

Horst-Wessel-Armbinde

Die Angehörigen der Brigade Horst Wessel, Berlin (Standarten 5, 15, 19 und 20), die nach Horst Wessel, dem mythischen Vorbild der S.A., genannt ist, tragen auf dem linken Unterarm eine schwarze Armbinde mit der Bezeichnung "Horst Wessel" in weißer Schrift.

Hosen (Siehe Gesellschaftsanzug und Stiefelhosen.)

J
Ein lateinisches J auf dem Kragenspiegel vor der Standartennummer bedeutet Jägerstandarte (f. d.).

Jägerstandarten
Sie sind kenntlich durch ein lateinisches J und grüne Beschriftung auf dem Gruppenspiegel. In Bayern tragen die Jägerstandarten außerdem auf der linken Brustseite das Schützenabzeichen (f. Bolle).

Jahreszahlen (Siehe Verdienstabzeichen.)

Jungbann
Einheit des D.J., die dem Bann der H.J. entspricht. Sein Führer trägt eine rote Führerschnur und eine weiße Armscheibe.

Jungvolk (D.J.)
Das Deutsche Jungvolk (10—14jährige Jungen) trägt braunes Hemd mit Lederknöpfen, schwarzes Halstuch mit braunem Knoten, Runenschloß, Koppel mit Schulterriemen und Fahrtenmesser, schwarze kurze Hose, schwarze Schiffchen-Mütze. Im Winter dunkelblaue Bluse.
Das Abzeichen des D.J. ist eine Rune als Armscheibe unterhalb des Armabzeichens für Gebiet und Obergebiet. Die Armscheiben (f. d.) haben je nach dem Oberbann dieselben Farben wie die Oberbanne der H.J. Vom Jungbannführer aufwärts entsprechen die Farben der Armscheiben den Dienstgradfarben der H.J.-Führer. Im übrigen sind die Führer kenntlich an den gleichen Führerschnüren wie die H.J. Es bedeuten hier:

Landesfarben:	Jungenschaftsführer
Grün:	Jungzugführer
Grün/weiß:	Fähnleinführer
Weiß:	Stammführer
Rot:	Jungbannführer
Rot/schwarz:	Oberjungbannführer
Schwarz:	Gebietsjungvolkführer
Schwarz/silber:	Obergebietsjungvolkführer

Die Führerschnüre gehen von der linken Schulter (keine Schulterklappen) zum Taschenknopf.

Kleiner Dienstanzug für den Sommer

Jungvolkbluse für den Winter

S.A.-Mann der Standarte 20 der Gruppe Hochland

Kameradschaft

Einheit der Hitlerjugend, die ungefähr 15 Jungen umfaßt.
Der Kameradschaftsführer trägt eine Führerschnur in den Landesfarben und auf den Schulterklappen einen Stern, an der Mütze das Hoheitsabzeichen.

Kinnriemen

(Siehe Sturmriemen und Mützenkordel.)

Kleiner Dienstanzug

Er entspricht dem Dienstanzug, nur daß zu ihm keine Orden getragen werden, mit Ausnahme von Halsorden und Brustorden. Zulässig ist dagegen die Ordensschnalle. Auch der Dienstrock darf als kleiner Dienstanzug getragen werden.

Kniehosen

Die Untergruppe München-Oberbayern und die Standarte 20 der Gruppe Hochland tragen im Sommer eine kurze Lederhose (s. nebenstehende Figur).

Knöpfe

Am Diensthemd der S.A. sind die Knöpfe aus blankem, goldenem oder silbernem Metall, je nach der Gruppe (siehe Gruppen- und Zugehörigkeitsabzeichen), am Dienstrock und Mantel gekörnt. Die Diensthemden der S.S. haben schwarze Lederknöpfe. Auch die Hitlerjugend trägt Lederknöpfe. Für die P.O. sind die Metallknöpfe, die hier teilweise mit dem Hoheitsabzeichen geschmückt sind, gekörnt.

Kokarde

Als Kokarde gilt für die S.A., S.S. und P.O. das Hoheitsabzeichen. Die S.S. führt außerdem hier noch den Totenkopf (s. d.). Die Kokarde für die Hitlerjugend besteht aus einem Hakenkreuz auf einer rot/weiß gestellten Raute, neben der vom Kameradschaftsführer aufwärts ebenfalls das Hoheitsabzeichen getragen wird.

Kommandoflaggen der S.A.-Stäbe*)

Oberste S.A.-Führung

Chef des Stabes

Obergruppe

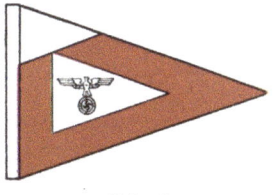
Brigade

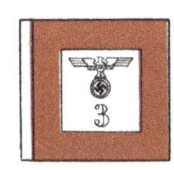
Gruppe

Sturmbann

Standarte

Chef des Kraftfahrwesens

Kommandoflaggen der S.A.-Kraftfahrstäbe

Gruppenstaffel

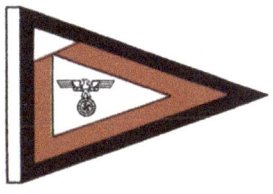
Motorbrigade

Motorstandarte

Motorstaffel

*) Text hierzu s. S. 42

Kommandoflaggen
Die Kommandoflaggen werden von höheren S.A.-Stäben, vom Sturmbann aufwärts geführt, um bei Aufmärschen usw. ihren Platz erkennen zu lassen. Es führen:
Die Oberste S.A.-Führung: Eine 90 × 90 cm große rote Flagge mit einem 40 × 40 cm großen weißen Mittelfeld, in dem sich in Silber gestickt das Hoheitsabzeichen befindet. Die Maße für den Adler sind 36 cm hoch und 63 cm Ausdehnung der Flügelspitzen.
Obergruppe: Eine 90 × 90 cm große, durch zwei Diagonalen in zwei rote (oben und unten) und zwei weiße (links und rechts) Felder geteilte Flagge, die so mit dem Hoheitsabzeichen belegt ist, daß der obere Kranzrand in der Mitte des Flaggentuches liegt. Die Größe des Hoheitsabzeichens, das in grauer Farbe aufgedruckt ist, entspricht der der obersten S.A.-Führung.
Gruppe: Eine 90 × 60 cm große, einem liegenden Rechteck entsprechende Flagge, die durch eine von links unten nach rechts oben gehende Diagonale in ein oberes rotes und ein unteres weißes Dreiecksfeld geteilt ist. In dem roten Feld ist parallel dem roten Dreieck ein weißes Dreieck mit dem grau aufgedruckten Hoheitsabzeichen so angeordnet, daß die rote Umrandung 10 cm beträgt. Die Maße des Adlers betragen 15 cm für die Höhe und 25 cm für die Flügelausdehnung. In dem weißen Feld befindet sich, 5 cm vom unteren Flaggenrand entfernt, der Name der Gruppe in schwarzen, nicht ausgefüllten, also nur umrandeten gotischen Buchstaben.
Brigade: Eine rote Flagge in Form eines gleichschenkeligen Dreiecks mit einer Grundlinie von 60 cm und einer Höhe von 100 cm. Das rote Feld ist mit einem weißen Dreieck, in dem sich das grau aufgedruckte Hoheitsabzeichen befindet, so belegt, daß die rote Umrandung 13 cm beträgt. Im linken oberen Eck befindet sich eine weiße Gösch (25 cm Grundlinie und 38 cm Seitenlänge), deren untere Kante parallel zur unteren Kante der Flagge verläuft. In dieser Gösch geben die Buchstaben Br. und die jeweilige Nummer in schwarzer Schrift die betreffende Brigade an. Die Maße des Hoheitsabzeichens sind 12 cm Höhe und 17 cm Flügelausdehnung.
Standarte: Eine 50 × 50 cm große rote Flagge, so mit einem weißen Quadrat belegt, daß die rote Umrandung 10 cm beträgt. In dem weißen Feld steht unter dem grau aufgedruckten Hoheitsabzeichen (14 cm hoch, 24 cm Flügelausdehnung) in schwarzen, nur umrandeten, nicht ausgefüllten 6 cm hohen und 5 cm voneinander entfernten Ziffern die Nummer der Standarte.
Sturmbann: Eine rote Flagge in Form eines gleichschenkeligen Dreiecks mit einer Grundlinie von 50 cm und einer Höhe von 80 cm. Das rote Feld ist mit einem weißen Dreieck so belegt, daß die rote Umrandung 8 cm beträgt. In dem weißen Feld befindet sich das grau aufgedruckte Hoheitsabzeichen (15 cm hoch und 25 cm Flügelausdehnung; die rechte Flügelspitze an der Senkrechten des weißen Feldes) und daneben, in der Spitze des Dreiecks, Sturmbann- und Standartennummer in 5 cm hohen, schwarz umrandeten, nicht ausgefüllten Ziffern.
Die Kraftfahrstäbe haben ihre besonderen Kommandoflaggen. Es entsprechen hier die Flagge des Chefs des Kraftfahrwesens: derjenigen der Obersten S.A.-Führung,
die Flagge des Gruppen-Staffelführers: derjenigen der Gruppe,
die Flagge der Motorbrigade: derjenigen der Brigade,
die Flagge der Motorstandarte: derjenigen der Standarte,
die Flagge der Motorstaffel: derjenigen des Sturmbannes,

nur daß hier die Flaggen am äußeren Rand mit einem schwarzen Streifen bedeckt sind, der bei den Flaggen des Chef des Kraftfahrwesens, des Obergruppen=Staffelstabes und des Gruppen=Staffelstabes 6 cm breit ist, bei der Motorbrigade und bei der Motorstandarte und Motorstaffel 5 cm breit ist.

Als Flaggenstangen dienen Lanzen mit abgenommener Spitze. Zur besseren Entfaltung haben die Kommandoflaggen Metallarme als Versteifung.

Kraftwagen führen die verkleinerte Kommandoflagge als Wimpel.

Bei Marine=Einheiten führt die Standarte eine Kommandoflagge wie die S.A.=Standarte, jedoch links oben einen 10 cm großen dunkelblauen Spiegel mit unklarem goldenem Anker, und der Sturmbann eine Kommandoflagge wie der S.A.=Sturmbann, jedoch links oben eine dunkelblaue Gösch mit unklarem goldenem Anker.

Koppel

Bei der S.A. braun und bei der S.S. schwarz; jedoch mit verschiedenen Koppelschlössern (s. d.).

Am Koppel sitzt der Schulterriemen, der über die rechte Schulter läuft; seine Schnalle sitzt auf der Brustseite; er ist mit zwei Karabinerhaken am Koppel befestigt, vorn etwa zwei Finger breit links vom Koppelschloß, hinten in der Mitte des Koppels.

Wird am Koppel eine Waffe getragen, so darf das Koppel nicht abgelegt werden. Tanzen usw. mit Koppel und Waffe ist verboten.

Das Koppel der P.O.=Leiter (Leibriemen) wird ohne Schulterriemen getragen.

Koppelschloß

Sowohl das Koppelschloß der S.A. wie das der S.S. führen das Hoheitsabzeichen. Die S.S. jedoch mit der Umschrift: Meine Ehre heißt Treue. Bei der S.S., deren Koppelschloß einen matten Silberton hat, geht der Adler außerdem zum Unterschied vom Koppelschloß der S.A., über den Kreis hinaus. Die S.A. trägt auch an Stelle des Koppelschlosses eine Zweidornschnalle. Die N.S.B.O. trägt ihr Abzeichen mit der Räderfaust auf dem Koppelschloß, das Jungvolk (s. d.) seine Rune (s. auch Führerkoppel und Zweidornschnalle).

Koppelschloß der S.A.

Koppelschloß der S.S.

Koppelschloß der N.S.B.O.

Kornett

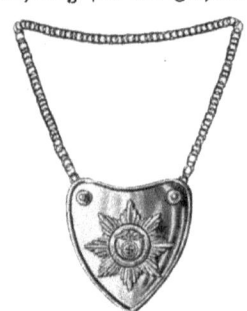

Bezeichnung für den Fahnenträger der Sturmfahne (j. d.) und des Feldzeichens (Standarte; j. d.). Der Fahnenträger der Sturmfahne steht im Dienstgrad eines Oberscharführers, Truppführers oder Obertruppführers. Der Fahnenträger des Feldzeichens führt den Dienstgrad eines Truppführers, Obertruppführers oder Sturmführers. Sein Dienstanzug entspricht dem des S.A.-Dienstgrades seiner S.A.-Formation. Der Kornett der Standarte ist berechtigt, ein Brustschild (j. Abbildung) zu tragen.

Kraftbootabteilung

Dem Nationalsozialistischen Kraftfahrkorps, Landesführung Berlin-Brandenburg, ist eine Kraftbootabteilung angegliedert. Die Kraftbootabteilung ist in vier Flotten gegliedert, von denen sich jede wieder in vier Geschwader gliedert. Das Geschwader umfaßt acht Boote, ein Begleit- und ein Lazarett-Boot.
Die Kraftbootabteilung führt als Stander das Hoheitsabzeichen des N.S.K.K. mit dem in die linke obere Ecke gesetzten Anker, und als Heckflagge die schwarz-weiß-rote Flagge mit dem Hoheitsabzeichen des N.S.K.K. in der Mitte und einem weißen Anker im linken oberen Felde auf schwarzem Grund.

Kraftfahrerabzeichen

Die Angehörigen der Motor-S.A. führen auf dem linken unteren Arm auf einer schwarzen Raute ein silbernes Rad, belegt mit dem Hoheitsabzeichen (j. Figur).
Dasselbe Abzeichen führen auch die aktiven Mitglieder des N.S.K.K. sowie neuerdings die Motor-S.S., die zuerst auf dem linken Unterarm ein schwarzes Band mit weißem Rad trug.
Kraftfahrer der H.J. führen auf dem linken Unterarm auf einer rosa Scheibe im Durchmesser von 4,1 cm ein weißes, achtspeichiges Rad.

Kletterweste

Sie wird getragen von dem B.d.M. Mit vier aufgesetzten Taschen gearbeitet, hat sie ein Revers und fünf Lederknöpfe, Windfänger an den Armen und hinten seitlich zwei verstellbare Schnallen.

Kragen (weiß) (Siehe Weiße Wäsche.)

Kragenspiegel

Hauptkennzeichen für die Zugehörigkeit zu einer bestimmten Gruppe.
Die Unterscheidungsmerkmale liegen in der Farbe des Spiegels und in der verschiedenfarbigen Stickerei der aufgesetzten Nummern.
Der rechte Kragenspiegel zeigt die Nummer des Sturms, des Sturmbanns und der Standarte (siehe Spiegelbeschriftung). Der linke Spiegel nimmt die Dienstgradabzeichen der Führer auf. Vom Standartenführer (f. d.) aufwärts befindet sich das Dienstgradabzeichen auf beiden Spiegeln.
Kragenspiegel von Sturmführern sind mit der Kragenschnur umrandet. Vom Sturmbannführer aufwärts ist die Umrandung der Kragenspiegel golden oder silbern, je nach der Farbe der Knöpfe (f. d.).
P.O.-Leiter (f. d.) haben auf beiden Kragenspiegeln Tressenwinkel oder Gardelitzen und in den höchsten Rangstufen Eichenlaubblätter oder Hoheitsabzeichen (f. auch Sanitätsführer und Verwaltungsführer sowie Gruppenspiegel und Gruppenabkürzungen).

Kragenumrandung (Siehe Gruppenschnur.)

Krawatten (Siehe Binder.)

Krawattenringe (Siehe Lederknoten.)

Kreisleiter

Er trägt auf dem Dienstanzug der P.O.-Leiter (f. d.) dunkelbraune Samtspiegel mit zwei goldenen Gardelitzen. Sein Kragen ist schwarz paspeliert, ebenso seine Mütze, die außerdem ein Mützenband aus dunkelbraunem Samt und eine goldene Mützenkordel besitzt.

L

Ein L auf dem Spiegel bedeutet Leibstandarte (f. d. und Spiegelbeschriftung).

Landesfarben

Die Kameradschaftsführer der H.J., die Jungenschaftsführer des D.J. und die Mädelschaftsführerinnen des B.d.M. tragen Führerschnüre, die in den Landesfarben gehalten sind.

Landsknechtstrommel des D.J.

Die Trommelbuben des D.J. sind mit Landsknechtstrommeln ausgerüstet, die ein zweifarbiges Flammenmuster zeigen.

Lanzenfahnen

Die Angehörigen von Reitereinheiten tragen auf dem rechten Kragenspiegel hinter der Nummernbezeichnung (vom Standartenführer aufwärts am rechten Kragenspiegel hinter dem Dienstgradabzeichen) zwei gekreuzte Lanzen, aus Metall geprägt, in der Knopffarbe (s. auch Reiter im Nachtrag).

Lederhose (Siehe Kniehose.)

Ledergamaschen

In Braun oder Schwarz mit dazu passenden Schnürschuhen sind sie als Ersatz für hohe braune oder schwarze Stiefel zulässig.

Lederjacke

Braun, schwarz oder auch in der neuen Olivfarbe. Kann außer von Kraftfahrern auch von der S.A. getragen werden. Aus demselben Material dürfen auch Mäntel getragen werden.
Auf Lederjacken bleiben Dienstgradabzeichen, Kragenspiegel und Achselstücke fort.

Lederknöpfe

In Schwarz finden sie sich an den Diensthemden der S.S., in Braun an den Hemden der Hitlerjugend und der aktiven Mitglieder des N.S.K.K.

Lederknoten

Ein brauner Ring, der das schwarze Halstuch der Hitlerjugend unterhalb des Kragens zusammenhält (siehe Abbildung).

Ledermantel (Siehe Lederjacke.)

Lederzeug

Bezeichnung für Koppel, Schulterriemen und Leibriemen (s. d.).

Leibriemen

Der Leibriemen hat im Gegensatz zum Koppel keinen Schulterriemen. Er wird getragen von der P.O., ist aus braunem Leder und besitzt eine gekörnte Dornschnalle (s. P.O.-Leiter).

Leibstandarte

Die Angehörigen der Leibstandarte, die ihren Sitz in München hat, führen statt einer Standartennummer ein L auf dem rechten Kragenspiegel (siehe Spiegelbeschriftung).

Litzen

Die Litze auf dem Kragenspiegel ist ein Dienstgradabzeichen. Sie ist 5 mm breit, glatt, von wenigen Ausnahmen abgesehen (s. Tafeln Gruppen- oder Zugehörigkeitsabzeichen) in der Nummernfarbe und hat in der Mitte einen 1 mm breiten Längsfaden in der Spiegelfarbe. Bei Stäben der Gruppen und Obergruppen ist die Litze weiß, beim Stab der Obersten S.A.-Führung gelb. Der 1 mm breite Längsfaden in der Mitte ist bei den Gruppen- und Obergruppenstäben hochrot, beim Stabe der Obersten S.A.-Führung karmesinrot. Die Litze ist parallel 5 mm vom vorderen Rand des Kragenspiegels anzubringen. Sie reicht vom unteren bis zum oberen Rand des Spiegels. Bei der S.S. ist die Litze weiß, mit schwarzem Längsfaden.

Bei den S.A.- und S.S.-Verwaltungsführern ist die Litze weiß, in der Mitte mit einem blauen Längsfaden; bei den S.A.-Sanitätsführern ist diese Litze gelb mit violettem Längsfaden (siehe Gruppen- und Zugehörigkeitsabzeichen).

Lorbeerkranz

Das Dienstgradabzeichen für den Chef des Stabes (s. d. sowie S. 20).

Lyra

Sie ist das Abzeichen für den Musikzugführer und befindet sich auf dem rechten Kragenspiegel neben der Formationsnummer in Gold oder Silber, je nach Farbe der Knöpfe (s. Abbildg.).

Musikzugführer der Standarte 10 der Gruppe Hochland

Manschettenknöpfe

Als Knöpfe für die Manschetten des Diensthemdes werden dieselben Knöpfe, wie sie die Front des Hemdes hat, unter Zuhilfenahme eines Springringes verwendet. Dementsprechend trägt die S.A. glatte, silberne oder goldene Metallknöpfe, die S.S. schwarze Lederknöpfe, Hitlerjugend und aktive Mitglieder der N.S.K.K. braune Lederknöpfe, die P.O. gekörnte Metallknöpfe (gegebenenfalls mit dem Hoheitsabzeichen).

*S.A.-Mann im Mantel
(Gruppe Berlin-Brandenburg)*

Mantel

Der Mantel für die S.A. ist zweireihig aus olivfarbenem Tuch mit braunem Kragen. Knöpfe, Kragenspiegel, Schnurumrandung sowie Armbinde und Achselstück entsprechen denen des Diensthemdes. Zum Mantel muß im Dienste das Koppel mit Schulterriemen übergeschnallt werden. Der Mantel muß stets bis oben vollständig zugeknöpft sein. Die bisherigen braunen und feldgrauen Mäntel dürfen aufgetragen werden.

Die Marinestürme (s. d.) tragen dunkelblaue Mäntel aus Marinetuch.

Mantel für höhere Führer

Vom Oberführer aufwärts tragen die S.A.- und S.S.-Führer an dem olivgrünen Mantel die Mantelklappen — in der Farbe des braunen Mantelkragens — herausgeschlagen.

Wird der Mantel nur vorübergehend angelegt, z. B. zur Fahrt im Kraftwagen oder auf dem Wege zum und vom Dienst, wenn dieser ohne Mantel erfolgt, kann Koppel und Schulterriemen unter dem Mantel bleiben. (Bei allen Dienstgraden.) (Siehe auch S.S.-Mantel, P.O.-Leiter und H.J.)

S.A.-Mantel vom Oberführer aufwärts
(S.A.-Oberführer der Gruppe Schlesien)

Truppführer eines Marinesturmes

Marine-S.A.

Der große Dienstanzug besteht aus S.A.-Diensthemd mit Binder und Parteiabzeichen, dunkelblauer Stiefelhose, braunem S.A.-Koppel mit Schulterriemen und S.A.-Koppelschloß oder Zweidornschnalle, schwarzen Stiefeln oder schwarzen Schnürschuhen mit schwarzen Ledergamaschen, dunkelblauer Marinemütze mit schwarzem Lederschirm und schwarzem Sturmriemen.

Als kleiner Dienstanzug wird ein dunkelblauer Dienstrock mit eingeschnittenen Seitentaschen getragen. Statt der Stiefelhose darf eine dunkelblaue lange Hose ohne Biesen mit oder ohne Steg getragen werden.

Der Mantel der Marine-S.A. ist dunkelblau, entspricht sonst aber dem der S.A. Die Spiegel — im hinteren oberen Eck des rechten Spiegels ein unklarer goldener Anker (f. d.) — sind dunkelblau, Nummern weiß, Dienstgradabzeichen und Knöpfe golden, Litze weiß, mit dem dunkelblauen Längsfaden. Die Schnurumrandung entspricht der Zweifarbenschnur der zuständigen Gruppe; vom Sturmbannführer aufwärts Goldschnur. Die Achselstücke haben dunkelblaue Unterlage.

Die Dienstmütze ist geschmückt durch einen goldenen Eichenkranz, in dem sich das silberne Hoheitsabzeichen befindet. Sturmführer und Sturmhauptführer tragen dabei die für die zuständige Gruppe vorgeschriebene Zweifarbenschnur, Sturmbannführer bis einschließlich Brigadeführer eine Goldschnur um den Mützendeckel; Standartenführer bis einschließlich Brigadeführer außerdem die Zweifarbenschnur um den oberen Rand des Mützenbundes.

Adjutantenschnüre dunkelblau mit weiß; Signalpfeifenschnur dunkelblau.

Marine-Jungstürme

Für Führer besteht der Dienstanzug aus einem blauen, zweireihigen, kleinen Dienstrock mit goldenen Knöpfen und eingeschnittenen Taschen. Dazu Braunhemd mit braunem Binder, lange, blaue Hose oder blaue Stiefelhose (diese nur für Landdienst), schwarze Schuhe, dunkelblaue Marinemütze, blauen Marine-S.A.-Mantel und für Landdienst braunes Koppel wie S.A.

Die Spiegel — dunkelblau — haben rechts einen nach vorn laufenden unklaren goldenen Anker und weiße Nummern, links goldene Dienstabzeichen. Die Litzen sind weiß mit blauem Längsfaden. Auf dem rechten Ärmel, 10 cm über dem Rand das schwarze Mützenband des zuständigen Marine-Jungsturmes mit der Schrift nach außen.

Für Jungsturmmänner besteht der Dienstanzug aus einem braunen, marineähnlichen Hemd, langer blauer Klappenhose oder blauer Stiefelhose, blauem Jumper, Exerzierkragen mit Streifen, schwarzem seidenen Tuch mit Parteiabzeichen, blauer Matrosenmütze mit silbernem Hoheitsabzeichen und schwarzen Schuhen. Das schwarze Mützenband hat goldene deutsche Beschriftung: „S.A. Ortsname M.J.St."

Die Rangabzeichen sind auf dem rechten Oberarm aufgestickt. Es bedeutet hier ein blauer Stern: Oberjungsturmmann
blaues gleichschenkeliges Dreieck mit der Spitze nach unten: Jungscharführer
blauer unklarer Anker: Jungtruppführer

Als Arbeitshemd wird ein weißes Arbeitshemd mit langer, weißer Klappenhose getragen.

Scharführer eines Marniesturmes im Mantel

Sturmführer der Motor-S.A. der Gruppe Westmark

Marine-H.J.
Angehörige der Marine-H.J. tragen eine weiße Bluse mit blauweißem Matrosenkragen und schwarzem Knoten zu langen blauen Hosen. Auf dem Arm die Binde der H.J. Außerdem braunes Koppel mit Schulterriemen und blaue Matrosenmütze mit dem H.J.-Abzeichen als Kokarde und hellblauem, weißbeschriftetem Mützenband.

Metallknöpfe (Siehe Knöpfe.)

Mittlere Führer
Die Dienstgrade vom Sturmführer aufwärts bis Obersturmbannführer, also: Sturmführer, Obersturmführer, Sturmhauptführer, Sturmbannführer, Obersturmbannführer.

Motor-S.A.
Motor-S.A.-Männer tragen den Dienstanzug der S.A., jedoch mit schwarzen Stiefelhosen und schwarzen Stiefeln. Ferner können an Stelle des Mantels Lederjacke bzw. Ledermantel (s. d.) getragen werden. Sie sind außerdem kenntlich durch ein schwarzes, über Eck gestelltes Quadrat mit dem Kraftfahrerabzeichen (s. d.) auf dem linken Unterarm und einem M auf dem rechten Spiegel vor der Motor-Standartennummer (siehe Spiegelbeschriftung). Gegliedert ist die Motor-S.A. in
  Motorstürme,
  Motorstaffeln und
  Motorstandarten (bisher Oberstaffeln).

Musiker
S.A.-Männer, die einem Musikzug angehören, haben Schwalbennester, deren Grundton der Spiegelfarbe entspricht, mit aufgesetztem Gitter aus Silber- bzw. Goldtressen, je nach Farbe der Knöpfe. Die Gold- bzw. Silbertressen sind 20 mm

breit. Auf dem in der Mitte etwa 11 cm hohen Schwalbennest sind 7 Tressen angebracht und am unteren Rande durch eine gleiche Quertresse abgeschlossen. Auf dem rechten Kragenspiegel tragen die Angehörigen der Musikzüge die Nummer ihrer Formation, am linken Kragenspiegel die Dienstgradabzeichen.

Musikzugführer

Das Abzeichen der Musikzugführer ist eine goldene bzw. silberne Lyra (s. d.), je nach der Farbe der Knöpfe, neben der Formationsnummer auf dem rechten Kragenspiegel. Auf dem linken Kragenspiegel führt er seine Dienstgradabzeichen. Der Musikzugführer führt keine Schwalbennester.

Mützen (Siehe Dienstmütze, S.A.-Mütze, Schirmmütze, Barett.)

Mützenband (Siehe Mützenüberzug.)

Mützenkokarde (Siehe Kokarde.)

Mützenkordel

S.S.-Führer vom Sturmführer aufwärts tragen an der Mütze des Dienstrockes statt des Sturmriemens eine doppelte silberne Mützenkordel. Eine Mützenkordel wird auch statt des Sturmriemens — je nach dem Dienstrang in Silber oder Gold — von den P.O.-Leitern getragen.

Mützenüberzug

Ursprünglich zur Unterscheidung von anderen Organisationen der N.S.D.A.P., tragen alle Angehörigen der S.A. um den oberen Mützenkopf ein Band in der für die Gruppe vorgeschriebenen Farbe der Kragenspiegel (siehe S.A.-Mütze).

Mützenumrandung (Siehe Gruppenschnur.)

Nachrichtenabzeichen

Es besteht aus einem in Metall geprägten Blitz, dessen Spitze nach unten zeigt, in der Knopffarbe. Getragen wird es auf dem rechten Kragenspiegel, wo es 15 mm vom rückwärtigen Rande angebracht ist. Das Abzeichen führen alle Angehörigen der Nachrichteneinheiten sowie die Referenten für Nachrichten bei den Gruppen oder Brigaden (siehe Spiegelbeschriftung).
Die H.J. (s. d.) trägt als Nachrichtenabzeichen auf dem linken Unterarm ein grünes 5,8 cm hohes, aufrechtes Oval, das mit einem gelben, einmal gebrochenen, mit der Spitze nach unten zeigenden Blitz, belegt ist.

Nationalsozialistische Frauenschaften

Ihr Abzeichen ist ein schwarzes Schild mit silbernem Schildeshaupt, in dem in goldener Schrift „N.S. Frauensch." steht. Darunter ein weißes Kreuz. Auf der Mitte des Querbalkens dieses Kreuzes ein rotes Hakenkreuz, das links, rechts und unten von den Buchstaben G, H und L begleitet ist.

N.S.K.K.

Alle Parteigenossen, die im Besitz eines Kraftwagens sind, sind zusammengefaßt in dem N.S.K.K., dem Nationalsozialistischen Kraftfahrerkorps. Angehörige der N.S.K.K. führen an der rechten Fahrzeugseite den Wimpel mit dem Hoheitsabzeichen des N.S.K.K. und, soweit sie als aktive Mitglieder geführt werden, den Dienstanzug der S.A. ohne Spiegel, Dienstgradabzeichen und Achselstücke. Statt des Hoheitsabzeichens der N.S.D.A.P. befindet sich auf der Mütze das Hoheitsabzeichen der N.S.K.K. Das Koppel wird von ihnen neuerdings ebenfalls mit Schulterriemen getragen. Statt der Metallknöpfe tragen sie braune Lederknöpfe. Auf dem linken Unterarm führen sie das Kraftfahrabzeichen wie die Motor-S.A. Darunter in schwarzen Ziffern und Buchstaben Nummer und Bezeichnung ihrer Einheit.
Inaktive Mitglieder tragen keine Uniform (s. auch Wimpel).

Oberbann

Bezeichnung für eine Einheit der Hitlerjugend (s. d.), die dem Gebiet untersteht. Der Oberbannführer trägt auf gelben Schulterklappen zwei Eichenblätter mit zwei Eicheln, schwarz-rote Führerschnur und einen gelben Besatzstreifen an der Mütze.

Oberführer

Bezeichnung für den Dienstgrad der S.A. zwischen Standarten- und Brigadeführer (s. d.). Seine Dienstgradabzeichen (s. d.) bestehen aus einem zweiblättrigen silbernen oder goldenen Eichenlaub auf beiden Spiegeln sowie aus einer Goldbzw. Silberschnur um den Kragen, die Spiegel und den Mützendeckel, je nachdem, ob die Knöpfe seiner Gruppe aus Gold oder Silber sind. Außerdem trägt er die Zweifarbenschnur seiner Gruppe oder des Stabes, zu dem er gehört, um den oberen Rand des Mützenaufschlags sowie ein in Gold oder Silber geflochtenes Achselstück (f. d.) auf einer Unterlage in der Spiegelfarbe, bei einer Breite von 25 mm. Führt er eine Brigade, so trägt er am Mützenaufschlag unter der Schnur eine Gold- oder Silbertresse, 1½ cm breit in der Knopffarbe.

Obergebiet

Die höchste Einheit der Hitlerjugend. Zur Zeit umfaßt die Organisation der Hitlerjugend neben dem vollständigen Bezirk Österreich (22) 5 Obergebiete, und zwar die Obergebiete:

1. Ost (Gebiete 1—4),
2. Nord (Gebiete 5—8),
3. West (Gebiete 9—14),
4. Mitte (Gebiete 15—17),
5. Süd (Gebiete 18—21).

Der Obergebietsführer trägt auf hellroten Schulterklappen drei Eichenblätter, schwarz-silberne Führerschnur und einen hellroten Besatzstreifen an der Mütze.

Obergeldverwalter

Bezeichnung für den Verwaltungsführer eines Sturmbanns im Rang eines Truppführers, Obertruppführers oder Sturmführers. Er trägt deren Dienstanzug und Dienstgradabzeichen, diese jedoch in Silber und auf beiden Kragenspiegeln. Die Dienstgrade der Truppführer und Obertruppführer tragen den gleichen Dienstanzug wie die Geldverwalter (f. d.). Der Obergeldverwalter im Range eines Sturmführers trägt auf beiden, aus blauem Samt bestehenden Kragenspiegeln je drei silberne Sterne, die von der unteren vorderen Ecke des Kragenspiegels diagonal zur oberen hinteren Ecke verlaufen. Um den Kragen, Spiegel und Mützendeckel trägt er eine blaue Schnur. Das Achselstück ist 20 mm breit und besteht aus vier nebeneinanderliegenden Silberschnüren auf blauer Samtunterlage. Mützenkopf in der Spiegelfarbe seiner Gruppe.

Obergruppe

Die höchste Einheit der S.A., besteht aus mehreren S.A.-Gruppen.

Obergruppenführer

Nach dem Chef des Stabes der höchste Dienstgrad in der S.A. und S.S. Das Dienstgradabzeichen (f. d.) besteht aus einem dreiblättrigen Eichenlaub in Silber mit einem Stern in der vorderen oberen Ecke auf beiden Spiegeln, einer Silberschnur um Kragen, Spiegel, Mützendeckel und Mützenaufschlag. Obergruppenführer, die eine S.A.=Einheit tatsächlich führen, tragen unmittelbar an diesem anschließend eine 2 cm breite Silbertresse sowie ein vierfach geflochtenes Achselstück (f. b.) aus gedrehter Gold= und Silberschnur.

Obergruppenspiegel

Angehörige der Stäbe der Obergruppen führen auf dem rechten Kragenspiegel die römische Nummer ihrer Obergruppe. Für Dienstgrade bis einschließlich Obersturmbannführer ist die Nummer weiß eingestickt, vom Standartenführer aufwärts wird sie unterhalb des Dienstgradabzeichens in Metall auf dem rechten Kragenspiegel angebracht.

Oberrechnungsführer

Bezeichnung für den Verwaltungsführer einer Brigade. Er steht im Dienstrang eines Sturmführers, Obersturmführers oder Sturmhauptführers. Als Sturmführer trägt er auf beiden aus hellblauem Samt bestehenden Kragenspiegeln je 3 silberne Sterne und um den Kragenspiegel und Mützendeckel eine blaue Schnur. Ferner ein Achselstück aus 4 nebeneinanderliegenden Silberschnüren auf hellblauer Samtunterlage. Als Obersturmführer trägt er dieselbe Uniform, jedoch auf beiden Kragenspiegeln noch eine 5 mm breite, weiße Litze mit einem in der Mitte befindlichen 1 mm breiten blauen Längsfaden. Als Sturmhauptführer trägt er statt der einen Litze 2 Litzen auf beiden Kragenspiegeln außer den 3 Sternen. Bei der S.S. ist für diesen Dienstgrad die Litze weiß mit schwarzem Längsfaden. Mützenkopf in der Spiegelfarbe seiner Gruppe.

Oberscharführer

Unterer Führer der S.A. und S.S. Sein Dienstgradabzeichen (f. b.) besteht aus einem Stern und einer Litze (f. b.) auf dem linken Kragenspiegel. Er trägt um den Kragen die Zweifarbenschnur seiner Gruppe sowie ein Achselstück (f. b.) aus der gleichen Schnur.

Oberste S.A.=Führung (Siehe Höhere Stäbe.)

Obersturmführer

Mittlerer Führer der S.A. und S.S. Seine Dienstgradabzeichen bestehen aus drei Sternen in der Farbe der Knöpfe und einer Litze (f. b.) in der Litzenfarbe seiner Gruppe auf dem linken Kragenspiegel sowie einem Achselstück (f. b.) aus vier nebeneinanderliegenden Silber= oder Goldschnüren in der Knopffarbe. Er trägt die Zweifarbenschnur seiner Gruppe um Kragen, Spiegel und Mützendeckel.

Obersturmbannführer

Mittlerer Führer der S.A. und S.S. Seine Dienstgradabzeichen (f. b.) bestehen aus vier Sternen in der Farbe der Knöpfe und einer Litze (f. b.) in der Litzenfarbe seiner Gruppe auf dem linken Kragenspiegel sowie einem Achselstück (f. b.) aus einer vierfachen Gold= oder Silberschnur, ebenfalls je nach der Farbe der Knöpfe. Mit derselben Schnur sind Kragen, Spiegel und Mützendeckel umrandet.

Obertruppführer

Unterer Führer der S.A. und S.S. Sein Dienstgradabzeichen (f. b.) besteht aus zwei Sternen in der Farbe der Knöpfe und einer Litze (f. b.) in der Litzenfarbe seiner Gruppe auf dem linken Kragenspiegel. Er trägt um den Kragen die Zwei= farbenschnur seiner Gruppe sowie ein Achselstück (f. b.) aus der gleichen Schnur.

Oberverwaltungsführer

Bezeichnung für den Verwaltungsführer der Obersten S.A.=Führung bzw. der Obergruppen und allenfalls Gruppen. Er steht im Range eines Sturmbannführers, Obersturmbannführers oder Standartenführers und trägt jeweils die Uniform des ihm verliehenen Dienstgrades, die Dienstgradabzeichen jedoch stets in Silber auf beiden Kragenspiegeln, die aus hellblauem Samt sind. Die Litze des Obersturm= bannführers ist weiß mit blauem Längsfaden, bei der S.S. weiß mit schwarzem Längsfaden. Um Kragen, Spiegel und Mützendeckel tragen die Oberverwaltungs= führer eine Silberschnur. Ihr Achselstück besteht für die Sturmbannführer und Obersturmbannführer aus 4 nebeneinanderliegenden Silberschnüren mit Blau unterlegt, bei einer Breite von 20 mm, für den Standartenführer ist es aus Sil= ber geflochten und blau unterlegt, bei einer Breite von 25 mm. Mützenkopf kar= mesin= bzw. hochrot, je nachdem, ob er bei der Obersten S.A.=Führung oder bei einer Obergruppe bzw. Gruppe tätig ist.

Orden und Ehrenzeichen

Die N.S.D.A.P. legt besonderen Wert darauf, zum Ausdruck zu bringen, daß Kriegsorden von ihr als Ehrenzeichen betrachtet werden. Demgemäß wird zum gewöhnlichen Dienst oder zum kleinen Dienstanzug die kleine Ordensschnalle angelegt, bei großen Aufmärschen die große Ordensschnalle (großer Dienstanzug). Getragen werden dürfen alle Orden, die vor oder während des Krieges von deutschen, verbündeten oder neutralen Staaten verliehen wurden, ebenso Abzeichen für Flieger, Unterseeboote, Tank- und Luftschiffe. Auch das Tragen der Abzeichen des D.L.V., des Deutschen Sport- und Reiterabzeichens sowie des Schles. Adlers und der Abz.

Ehrenzeichen der N.S.D.A.P. für die Alten
(mit Mitgliedsnummern unter 100 000)

Frontbann-Nadel
(vergrößert)

Freikorps Epp und Bund Oberland ist gestattet. Weiter können getragen werden das Frontbannabzeichen (s. Abbildg.), das Coburg-Abzeichen für die Teilnehmer an dem Deutschen Tag in Coburg 1922 (s. Abbildg. rechts), die beiden Abzeichen für Nürnberg von 1929 (s. Abbildg. links) und 1933, das Abzeichen des S.A.-Treffens von Braunschweig von 1931 sowie das Ehrenzeichen für die Alten, das vom Reichsschatzmeister denjenigen Parteigenossen verliehen wird, die eine Mit-

gliedsnummer unter 100 000 haben und seit ihrem Eintritt die Mitgliedschaft nie unterbrochen haben. Dieses Abzeichen wird in zwei Größen getragen, in kleiner Ausführung (wie Abbildung) für den Zivilanzug, in größerer für die Uniform, wo es auf der linken Brustseite getragen wird.

Die letztgenannten Abzeichen können nach Wahl angelegt werden, jedoch stets nur eines dieser Abzeichen.

Die H.J. hat als Ehrenzeichen das Abzeichen des Hitlerjugendtages in Potsdam.

Die große Ordensschnalle ist so anzubringen, daß die Kreuze bzw. Medaillen den oberen Rand der linken Tasche leicht überschneiden und etwa bis in die Höhe des oberen Randes des Taschenknopfs herabreichen.

Osaf

(Frühere Bezeichnung für Oberste S.A.-Führung, jetzt verboten.)
Seit dem 2. September 1930 ist der Oberste S.A.-Führer Adolf Hitler selbst. Die

früheren Osaf-Bezirke wurden an diesem Tage aufgelöst; an ihre Stelle traten Gruppen und Untergruppen. Der Führer trägt keinerlei Dienstgradabzeichen, also auch keine Kragenspiegel, Achselstücke und Schnüre. Statt des Parteiabzeichens auf dem Binder trägt er meist das Hoheitsabzeichen in Gold.

Parteiabzeichen

Parteiabzeichen der N.S.D.A.P.

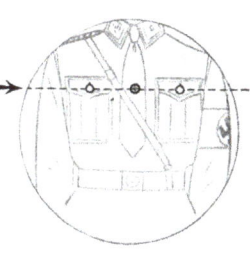

Das Parteiabzeichen (s. Abbildg.) wird von der S.A. und S.S. beim Diensthemd auf dem Binder getragen, und zwar in Höhe der Knöpfe der Brusttaschen (s. Abbildung.). Beim kleinen Dienstrock wird das Parteiabzeichen neuerdings nicht mehr auf der Krawatte getragen. S.A.-Anwärtern ist das Tragen des Parteiabzeichens, falls sie nicht bereits Mitglieder der N.S.D.A.P. sind, weder zum Dienstanzug noch in Zivil gestattet. Parteiabzeichen mit goldenem Kranz, siehe unter Orden und Ehrenzeichen der N.S.D.A.P.

Pfeifenschnur (Siehe Signalpfeife.)

Pg.

Abkürzung für „Parteigenosse", eingeschriebenes Mitglied der N.S.D.A.P. Pgn., die vor dem 30. Januar 1933 bereits Parteimitglied waren, haben die Erlaubnis, das abzeichenlose Braunhemd mit schwarzem Langbinder zu tragen. Am Zivilanzug tragen sie das Parteiabzeichen (s. d.)

Pionier

Angehörige von Pionierformationen der H.J. (s. d.) tragen auf dem linken Unterarm ein 5,8 cm hohes, aufrechtes, schwarzes Oval, das — gekreuzt mit weißer Hacke und Spaten — belegt ist.

Pistole

Sie wird von S.A.-Führern, die in ihrem Gebrauch ausgebildet, an dem Koppel auf der linken Körperseite getragen. Ablegen des Koppels mit Pistole ist verboten, desgl. das Tanzen mit umgeschnallter Pistole. Die Erlaubnis zum Tragen der Pistole wird im S.A.-Ausweis von der höheren Dienststelle bestätigt.

P.O.-Leiter

Die P.O.-Leitung setzt sich zusammen aus der

Reichsleitung, mit den Rangstufen:
  Reichsleiter,
  Amtsleiter,
  Abteilungsleiter,
  Unterabteilungsleiter.

Kreisleitung, mit den Rangstufen:
  Kreisleiter,
  Amtsleiter,
  Abteilungsleiter,
  Unterabteilungsleiter.

Gauleitung, mit den Rangstufen:
  Gauleiter,
  Amtsleiter,
  Abteilungsleiter,
  Unterabteilungsleiter.

Ortsgruppenleitung, mit den Rangstufen:
  Ortsgruppenleiter,
  Amtsleiter und Stützpunktleiter,
  Zellenwart,
  Blockwart.

Der Dienstanzug der P.O.-Leiter, der nur getragen werden darf, wenn er besonders verliehen wurde, setzt sich wie folgt zusammen:
Dienstrock oder Dienstbluse und Breecheshose aus hellbraunem Stoff (im Winter Wollstoff, im Sommer Kammgarngewebe), braunes Hemd mit schwarzem Binder, schwarze Stiefel, Tellermütze mit braunem Schirm, übergeschnalltes, breites, braunes Lederkoppel. Zweireihiger Mantel aus brauner Melange, mit Kragen und Aufschlägen in derselben hellbraunen Farbe wie der Dienstanzug.
Als Gesellschaftsanzug: Dienstrock, lange, schwarze Hosen mit schwarzen Biesen, schwarze Schuhe und Strümpfe, braunes Hemd, schwarzer Binder.
Den Rang der P.O.-Leiter geben Farbe und Abzeichen der Spiegel sowie die Farbe der Mützenkordel, des Mützenbandes und der Paspelierung von Mütze und Kragen an.

(Über den Anzug der P.O.-Leiter siehe Seite 61—63.)

Polizeistern (Siehe Feldpolizei.)

Propeller

Bis vor kurzem Abzeichen der Fliegerstürme, die einen geflügelten Propeller auf dem rechten Kragenspiegel, je nach der Farbe der Knöpfe in gelbem oder weißem Metall, trugen. Neben dem Propeller befindet sich die Nummer des Fliegersturms (s. Abbildg.).

Spiegelabzeichen der ehemaligen Fliegerstürme

P.O.-Leiter (Anzug, zu S. 60.)

Unterabteilungsleiter der Gauleitung
im Mantel

Blockwart der Ortsgruppenleitung
im Dienstanzug

Reichsleitung
Spiegel: Karmesinrot
Paspelierung: Goldgelb
Mützenband:
Dunkelbrauner Samt

Links **Reichsleiter:**
Spiegel mit silbergesticktem
Hoheitszeichen
Goldene Mützenkordel
Spiegelgröße 4,8×6 cm

Rechts **Amtsleiter:**
Spiegel mit zwei goldenen
gestickten Gardelitzen
Goldene Mützenkordel
Spiegelgröße 4×7 cm

Links
Abteilungsleiter:
Spiegel mit zwei silbernen
gestickten Gardelitzen
Silberne Mützenkordel
Spiegelgröße 4×7 cm

Rechts
Unterabteilungsleiter:
Spiegel mit zwei silbernen
Winkeln
Silberne Mützenkordel
Spiegelgröße 4×5,6 cm

Gauleitung
Spiegel: Rot
Paspelierung: Rot
Mützenband:
Dunkelbrauner Samt

Links **Gauleiter:**
Spiegel mit doppeltem
goldenem Eichenlaub
(Stellvertreter ein Eichenblatt,
Goldene Mützenkordel,
Spiegelgröße 4,8×6,2 cm

Rechts **Amtsleiter:**
Spiegel mit zwei silbernen
gestickten Gardelitzen
Silberne Mützenkordel
Spiegelgröße 4×7 cm

Links
Abteilungsleiter:
Spiegel mit zwei silbernen
Winkeln
Silberne Mützenkordel
Spiegelgröße 4×5,6 cm

Rechts
Unterabteilungsleiter:
Spiegel mit einem silbernen
Winkel
Silberne Mützenkordel
Spiegelgröße 4×5,6 cm

Kreisleitung
Spiegel: Dunkelbraun
Paspelierung: Schwarz
Mützenband:
Dunkelbrauner Samt

Links Kreisleiter:
Spiegel mit zwei goldenen
gestickten Gardelitzen
Goldene Mützenkordel
Spiegelgröße 4×7 cm

Rechts Amtsleiter:
Spiegel mit zwei silbernen
gestickten Gardelitzen
Silberne Mützenkordel
Spiegelgröße 4×7 cm

Links
Abteilungsleiter:
Spiegel mit zwei silbernen
Winkeln
Silberne Mützenkordel
Spiegelgröße 4×5,6 cm

Rechts
Unterabteilungsleiter:
Spiegel mit einem silbernen
Winkel
Silberne Mützenkordel
Spiegelgröße 4×5,6 cm

Ortsgruppenleitung
Spiegel: Hellbraun
Paspelierung: Hellblau
Mützenband:
Hellbrauner Stoff

Links
Ortsgruppenleiter:
Spiegel mit zwei goldenen
gestickten Gardelitzen
Goldene Mützenkordel
Spiegelgröße 4×7 cm

Rechts
Amts- u. Stützpunktleiter:
Spiegel mit zwei silbernen
gestickten Gardelitzen
Silberne Mützenkordel
Spiegelgröße 4×7 cm

Links
Zellenwart:
Spiegel mit zwei silbernen
Winkeln
Silberne Mützenkordel
Spiegelgröße 4×5,6 cm

Rechts
Blockwart:
Spiegel mit einem silbernen
Winkel
Silberne Mützenkordel
Spiegelgröße 4×5,6 cm

R.
Ein lateinisches R auf dem Kragenspiegel vor der Formationsnummer bezeichnet eine Reserveformation (f. Spiegelbeschriftung).

Rangabzeichen (S. Dienstgradabzeichen.)

Rechnungsführer
Bezeichnung für den Verwaltungsführer einer Standarte. Er steht im Dienstrang eines Obertruppführers, Sturmführers oder Obersturmführers. Als Obertruppführer trägt er auf den beiden Kragenspiegeln aus blauem Samt 2 silberne Sterne, eine weiße Litze mit blauem Längsfaden und eine Kragenumrandung aus blauer Schnur. Als Sturmführer trägt er auf beiden Kragenspiegeln aus hellblauem Samt 3 silberne Sterne und die blaue Schnurumrandung um Kragen, Spiegel und Mützendeckel. Als Obersturmführer hat er außerdem auf den Kragenspiegeln noch eine weiße Litze mit blauem Längsfaden. Bei der S.S. ist diese Litze weiß mit schwarzem Längsfaden. Das Achselstück der Rechnungsführer im Range eines Obertruppführers besteht aus 4 nebeneinanderliegenden blauen Schnüren auf blauem Grund bei einer Breite von 20 mm. Rechnungsführer im Rang eines Sturmführers oder Obersturmführers haben ein Achselstück aus 4 nebeneinanderliegenden Silberschnüren auf blauer Samtunterlage. Mützenkopf in der Spiegelfarbe seiner Gruppe.

Reichsführer der S.S.
Er trägt als Abzeichen die Kragenspiegel eines Obergruppenführers und ein aus Silber geflochtenes Achselstück.

Reichsführerschule
Angehörige der S.A., die die Reichsführerschule in München mit Erfolg absolviert haben, führen auf dem linken Oberarm im Sechseck die Tyr-Rune (altgermanischer Gott des Krieges, Sohn Odins) in Schwarz, die der Spitze eines Pfeils gleicht (f. Abbildg.).

Angehörige des Stabes der Reichsführerschule führen die Tyr-Rune in waagerechter Lage, mit der Spitze nach außen auf dem Kragenspiegel.

Reichsjugendführer
Der Führer der Hitlerjugend und zugleich sämtlicher deutscher Jugendverbände.

Reichstagsabgeordnete
Sie tragen denjenigen Dienstanzug, der ihnen als S.A.- oder S.S.-Führer bzw. nach ihrem Range als P.O.-Leiter zukommt. (Siehe auch Fraktionsführer.)

Reiter (H.J.)
Angehörige der Reitereinheiten der H.J. (f. d.) tragen auf dem linken Unterarm ein 5,8 cm hohes, aufrechtes, gelbes Oval mit zwei gekreuzten weißen Lanzenfähnchen am schwarzen Schaft.

Reiter

Ihr Kennzeichen sind die beiden Schulterriemen, die auf dem Rücken zusammenlaufen, sowie zwei gekreuzte Fähnchen am rechten Kragenspiegel unter der Nummer.

Reservesturm

(Siehe R.)

Römische Zahlen

Sturmbannführer und Angehörige eines Sturmbannstabes der S.A. und S.S. tragen die Nummern ihres Sturmbannes in römischen Ziffern auf dem rechten Kragenspiegel vor dem Bruchstrich, dahinter die Standartennummer.

S.A.-Mann eines Reitersturms der Gruppe Pommern

Rottenführer

Unterer Führer der S.A. und S.S. Sein Dienstgradabzeichen besteht aus zwei ohne Zwischenraum nebeneinanderliegenden Litzen (f. d.) in der Litzenfarbe seiner Gruppe auf dem linken Kragenspiegel. Er trägt um den Kragen die Zweifarbenschnur seiner Gruppe sowie ein Achselstück (f. d.) in der gleichen Schnur.

S.A.

Im Jahre 1919 zunächst als Saalschutz-Abteilung aus dem Ordnerdienst ins Leben gerufen, dann in Sportabteilung erweitert, wird zum erstenmal nach einer besonders ernsten Saalschlacht am 4. November 1921, bei der sich 46 Kameraden der Partei gegen mehr als 800 Gegner durchsetzten, der Name Sturm-Abteilung — S.A. — gebraucht.
Landschaftsmäßig eingeteilt ist die S.A. seit August 1929, wo sie so, an den neuen farbigen Spiegeln erkenntlich, auf dem vierten Parteitag erscheint.
Die S.A. ist folgendermaßen gegliedert: Die kleinste Formation ist die Schar (etwa 8—12 Mann). Drei bis vier Scharen bilden dann einen Trupp, zwei bis drei Trupps wieder einen Sturm, drei bis vier Stürme bilden einen Sturmbann, etwa drei bis fünf Sturmbanne eine Standarte (f. d.), so benannt nach ihrem Feldzeichen. Drei bis fünf Standarten bilden eine Brigade, von der ebenfalls drei bis fünf zu einer Gruppe gehören. Zwei bis vier Gruppen bilden eine Obergruppe, die unmittelbar der Obersten S.A.-Führung untersteht.. Zur Zeit bestehen 8 Obergruppen (f. d.).

S.A.-Anwärter

Sie tragen bis zu ihrer endgültigen Aufnahme in die S.A. keine Spiegel. Im übrigen ist die Uniform dieselbe wie die des S.A.-Mannes. Zum Dienstanzuge tragen sie am Binder kein Parteiabzeichen, außer wenn sie Parteimitglieder sind. Zum Zivilanzug dürfen sie die S.A.-Nadel tragen.

S.A.-Ausweis

Mit Lichtbild versehen, gilt er neben dem Mitgliedsbuch der N.S.D.A.P. als vollwertiger Ausweis. Er ist von Angehörigen der S.A., gleichviel ob in Uniform oder Zivil, stets bei sich zu tragen.

S.A.-Mann

Bezeichnung für einen Angehörigen der Sturmabteilung (S.A.), der an seinem Dienstanzug keinerlei Dienstgradabzeichen trägt.

S.A.-Mützen (Text auf Seite 68)
**)

Chef des Stabes:

Hochrotes Mützenband, Goldschnur um Mützendeckel und Mützenaufschlag sowie eine 2 cm breite Goldtresse auf dem Mützenaufschlag

Links:
Obergruppenführer und Gruppenführer:
Hochrotes, bei der Obersten S.A.-Führung karmesinrotes Mützenband, Silberschnur um Mützendeckel und Mützenaufschlag sowie eine 2 cm breite Silbertresse. Letztere nur dann, wenn sie eine S.A.-Einheit tatsächlich führen oder Abteilungschefs der Obersten S.A.-Führung sind.

Rechts:
Brigadeführer:
Mützenband in Farbe der Spiegel*), Silber- oder Goldschnur, je nach Farbe der Knöpfe, um Mützendeckel. Zweifarbenschnur der Gruppe um Mützenaufschlag und 1½ cm breite Tresse in Knopffarbe, wenn sie eine Brigade tatsächlich führen.

Links:
Standartenführer:
Mützenband in Farbe der Spiegel*), Silber- oder Goldschnur, je nach Farbe der Knöpfe, um Mützendeckel. Zweifarbenschnur der Gruppe um Mützenaufschlag und 1 cm breite Tresse in Knopffarbe, jedoch nur, wenn sie die Standarte führen

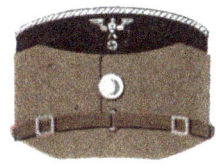

Rechts:
Obersturmbannführer und Sturmbannführer:
Mützenband in Farbe der Spiegel*) und Silber- oder Goldschnur, je nach Farbe der Knöpfe, um den Mützendeckel.

Links:
Sturmhauptführer bis einschl. Sturmführer:
Mützenband in Farbe der Spiegel*) und Zweifarbenschnur der Gruppe um d. Mützendeckel

Rechts:
Vom Obertruppführer einschl. abwärts:
Mützenband in Farbe der Spiegel*)

Ehrenhalber:

Mützenband aus silbergrauem Samt; im übrigen Schnüre usw. gemäß dem verliehenen Dienstgrad (hier Obersturmbannführer bzw. Sturmbannführer).

*) Hier Gruppe Berlin-Brandenburg (schwarze Spiegel und silberne Knöpfe)
**) Tressen um den oberen Rand des Mützenaufschlages tragen nur Führer von S.A.-Einheiten und Abteilungschefs der Obersten S.A.-Führung, und zwar: Führer von Standarten eine 1 cm breite, Führer von Brigaden eine 1½ cm breite, Führer von Gruppen, Obergruppen und Abteilungschefs der Obersten S.A.-Führung eine 2 cm breite Tresse. Ebenso der Chef des Stabes. Die Tresse bezeichnet keinen Dienstgrad, sondern daß der Betreffende eine S.A.-Einheit führt.

S.A.-Mütze (Siehe Tafel auf vorhergehender Seite)

Die Dienstmütze der S.A. unterscheidet sich von der allgemeinen Hitlermütze (s. d.), die von allen Organisationen der N.S.D.A.P. getragen werden kann, dadurch, daß sich um den oberen Teil der Mütze ein Band in der Farbe der für die Gruppe vorgeschriebenen Kragenspiegel befindet. Vom Sturmführer bis einschl. Sturmhauptführer ist der Mützendeckel in der Zweifarbenschnur der Gruppe umrandet. Vom Sturmbannführer bis einschl. Brigadeführer ist der Mützendeckel, je nach der Farbe der Knöpfe, mit Gold- oder Silberschnur eingefaßt. Gruppenführer und Obergruppenführer tragen um Mützendeckel und Mützenaufschlag eine Silberschnur, der Chef des Stabes eine Goldschnur. Außerdem tragen Standartenführer, Oberführer und Brigadeführer, außer der Gold- bzw. Silberschnur um den Mützendeckel, die Zweifarbenschnur ihrer Gruppe um den oberen Rand des Mützenaufschlages.

Durch die erfolgte Einführung der farbigen Mützenbänder für die gesamte S.A. hat sich die Notwendigkeit ergeben, die Führer größerer S.A.-Einheiten besonders kenntlich zu machen. Es sind daher alle Führer von S.A.-Einheiten von der Standarte an aufwärts, auch wenn sie nur mit der Führung beauftragt sind, durch Gold- oder Silbertressen (je nach der Farbe der Knöpfe) um den Mützenaufschlag in folgender Weise kenntlich gemacht, ohne Rücksicht auf deren Dienstgrad:

Führer von Standarten tragen eine 1 cm breite Gold- oder Silbertresse, je nach der Knopffarbe, desgleichen

die Führer von Brigaden eine 1½ cm breite Tresse.

Führer von Gruppen und Obergruppen sowie die Abteilungschefs der Obersten S.A.-Führung, Chef des Kraftfahrwesens, Chef des Sanitätswesens, Generalinspekteur, Führer der Reichsführerschule tragen eine 2 cm breite Silbertresse, der Chef des Stabes eine 2 cm breite Goldtresse.

Angebracht wird die Tresse unmittelbar unter der Zweifarbenschnur bzw. der Silber- oder Goldschnur, die um den oberen Rand des Mützenaufschlages läuft, und zwar so, daß sie vorn nach unten abbiegt, am Mützenschirm endet und der Knopf sich auf ihrer Längsmitte befindet.

S.A.-Nadel

Alle Angehörigen der S.A. haben zum Zivilanzug nicht das Partei- oder Hoheitsabzeichen, sondern ausschließlich das S.A.-Abzeichen zu tragen. Das Abzeichen besteht aus den beiden übereinandergelegten Buchstaben S und A im Kreis (s. Abbildg.).

Sanitätsbrigadeführer

Seine Dienstgradabzeichen (f. d.) bestehen aus einem zweiblättrigen goldenen Eichenlaub mit einem goldenen Stern in der vorderen oberen Ecke auf beiden aus violettem Samt bestehenden Kragenspiegeln sowie aus einer Goldschnur um Kragen, Spiegel und Mützendeckel und dem Achselstück (f. d.) des Brigadeführers. Auf dem linken Unterarm trägt er das violette Oval (f. Sanitätsführer).

Sanitätsführer

Man unterscheidet Sanitätsführer mit ärztlichem Staatsexamen (vom Sanitäts= sturmführer einschl. aufwärts) und solche ohne Staatsexamen.
Sanitätsführer mit ärztlichem Staatsexamen gliedern sich in folgende Rangstufen:
Sanitäts=Sturmbannarzt=Anwärter (Dienstgrad: Obertruppführer)
Sanitäts=Sturmführer
Sanitäts=Obersturmführer
Sanitäts=Sturmhauptführer
Sanitäts=Sturmbannführer
Sanitäts=Obersturmbannführer
Sanitäts=Standartenführer
Sanitäts=Oberführer
Sanitäts=Brigadeführer
Sanitäts=Gruppenführer
Sanitäts=Obergruppenführer.

Sie tragen Spiegel aus violettem Samt. Ihre goldenen Dienstgradabzeichen ent= sprechen den Dienstgradabzeichen der S.A., werden aber auf beiden Kragenspiegeln getragen. Am linken Unterarm tragen sie ein mit Goldschnur eingefaßtes Oval aus violettem Samt (5×7 cm). In diesem Oval führen die Ärzte einen goldenen Aeskulapstab (f. d.), die Zahnärzte ein goldenes gotisches Z (f. d.), die Apotheker ein goldenes gotisches A (f. d.).

S.A.=Sanitätsführer ohne ärztliches Staatsexamen (vom Sanitäts=S.A.=Mann bis einschl. Sanitätssturmführer) tragen den Dienstanzug wie die gleichen Dienstgrade ihrer S.A.=Einheit, jedoch am linken Oberarm über der Armbinde in einem $8^{1/2}$ cm Durchmesser großen weißen Kreis ein gleicharmiges rotes Kreuz, dessen Balken 25 mm breit und 70 mm lang sind (Genfer Kreuz).

Medizinstudierende, vom 4. klinischen Semester an, tragen am linken Unterarm das violette Oval mit Aeskulapstab, Z oder A, wie die Sanitätsführer mit ärztlichem Staatsexamen.

Im übrigen untersteht das gesamte Sanitätspersonal sowie die Sanitätsführer der S.A. in allen das Sanitätswesen betreffenden Angelegenheiten durch den Chef des Sanitätswesens beim Stabe der Obersten S.A.=Führung dem Chef des Stabes.

Sanitätsgruppenführer

Seine Dienstgradabzeichen (f. b.) bestehen aus einem goldenen dreiblättrigen Eichenlaub auf beiden aus violettem Samt bestehenden Kragenspiegeln sowie aus einer Goldschnur um Kragen, Spiegel, Mützendeckel und Mützenaufschlag und einem Achselstück (f. b.) in der Ausführung des Achselstückes des Gruppenführers. Auf dem linken Unterarm trägt er das violette Oval (siehe Sanitätsführer).

Sanitäts-Oberführer

Seine Dienstgradabzeichen (f. b.) bestehen aus einem zweiblättrigem goldenen Eichenlaub auf beiden aus violettem Samt bestehenden Kragenspiegeln sowie aus einer Goldschnur um Kragen, Spiegel und Mützendeckel, der zweifachen Schnur um den oberen Rand des Mützenaufschlages und einem goldenen Achselstück (f. b.) in der Ausführung des Achselstückes der Oberführer. Auf dem linken Unterarm trägt er das violette Oval (siehe Sanitätsführer).

Sanitäts-Obergruppenführer

Seine Dienstgradabzeichen (f. b.) bestehen aus einem dreiblättrigem Eichenlaub mit einem goldenen Stern in der vorderen oberen Ecke auf beiden aus violettem Samt bestehenden Kragenspiegeln sowie aus einer Goldschnur um Kragen, Spiegel, Mützendeckel und Mützenaufschlag und einem Achselstück (f. b.) in der Ausführung des Achselstückes des Obergruppenführers. Auf dem linken Unterarm trägt er das violette Oval (siehe Sanitätsführer).

Sanitäts-Oberscharführer

(Siehe Sanitätsführer ohne ärztliches Staatsexamen.)

Sanitäts-Obersturmbannführer

Seine Dienstgradabzeichen (f. b.) bestehen aus vier goldenen Sternen und einer gelben Litze (f. b.) mit violettem Längsfaden auf beiden aus violettem Samt bestehenden Kragenspiegeln sowie aus einer Goldschnur um Kragen, Spiegel und Mützendeckel und einem goldenen Achselstück (f. b.) in der Ausführung des Achselstückes des Obersturmbannführers. Auf dem linken Unterarm trägt er das violette Oval (siehe Sanitätsführer).

Sanitäts-Obersturmführer

Seine Dienstgradabzeichen (f. b.) bestehen aus drei goldenen Sternen und einer gelben Litze mit violettem Längsfaden auf beiden aus violettem Samt bestehenden Kragenspiegeln sowie aus einer violett-goldenen Schnur um Kragen, Spiegel und Mützendeckel und einem Achselstück (f. b.) in der Ausführung des Achselstückes des Obersturmführers. Auf dem linken Unterarm trägt er das violette Oval (siehe Sanitätsführer).

Sanitäts-Obertruppführer
(Siehe Sanitätsführer ohne ärztliches Staatsexamen.)

Sanitäts-Rottenführer
(Siehe Sanitätsführer ohne ärztliches Staatsexamen.)

Sanitäts-Scharführer
(Siehe Sanitätsführer ohne ärztliches Staatsexamen.)

Sanitäts-Standartenführer
Seine Dienstgradabzeichen (f. b.) bestehen aus einem goldenen Eichenblatt auf beiden aus violettem Samt bestehenden Kragenspiegeln sowie aus einer Goldschnur um Kragen, Spiegel und Mützendeckel und der zweifachen Schnur um den oberen Rand des Mützenaufschlages und einem goldenen Achselstück (f. b.) in der Ausführung des Achselstückes (f. b.) des Standartenführers. Auf dem linken Unterarm trägt er das violette Oval (siehe Sanitätsführer).

Sanitäts-Sturmbannführer
Seine Dienstgradabzeichen (f. b.) bestehen aus vier goldenen Sternen auf beiden aus violettem Samt bestehenden Kragenspiegeln sowie aus einer Goldschnur um Kragen, Spiegel und Mützendeckel und einem goldenen Achselstück (f. b.) in der Ausführung des Achselstückes des Sturmbannführers. Auf dem linken Unterarm trägt er das violette Oval (siehe Sanitätsführer).

Sanitäts-Sturmbann-Apotheker-Anwärter
Er hat den Dienstgrad eines Obertruppführers und trägt die Uniform des Sturmbann-Arzt-Anwärters, jedoch im violetten Oval statt des Aeskulapstabes ein großes goldenes gotisches A (f. b.).

Sanitäts-Sturmbann-Arzt-Anwärter
Er hat den Dienstgrad eines Obertruppführers.
Seine Dienstgradabzeichen (f. b.) bestehen aus zwei goldenen Sternen und einer gelben Litze mit violettem Längsfaden auf beiden aus violettem Samt bestehenden Kragenspiegeln sowie aus einer violett goldenen Schnur um den Kragen und einem goldenen Achselstück (f. b.) in der Ausführung des Achselstückes des Sturmführers. Auf dem linken Unterarm trägt er das violette Oval (siehe Sanitätsführer).

Sanitäts-Sturmbann-Zahnarzt-Anwärter

Er hat den Dienstgrad eines Obertruppführers und trägt die Uniform des Sturmbann-Arzt-Anwärters, jedoch im violetten Oval statt des Aeskulapstabes ein großes goldenes gotisches Z (f. b.).

Sanitäts-Sturmführer

Seine Dienstgradabzeichen (f. b.) bestehen aus drei goldenen Sternen auf beiden aus violettem Samt bestehenden Kragenspiegeln sowie aus einer violett-goldenen Schnur um Kragen, Spiegel und Mützendeckel und einem goldenen Achselstück (f. b.) in der Ausführung des Achselstückes des Sturmführers. Der Sanitäts-Sturmführer mit ärztlichem Staatsexamen trägt auf dem linken Unterarm das violette Oval (siehe Sanitätsführer). Der Sanitätssturmführer ohne ärztliches Staatsexamen den Dienstanzug wie der Sturmführer der S.A. seiner S.A.-Einheit. Er unterscheidet sich von diesem lediglich durch das am linken Oberarm getragene Genfer Kreuz (siehe Sanitätsführer).

Sanitäts-Sturmhauptführer

Seine Dienstgradabzeichen (f. b.) bestehen aus drei goldenen Sternen und zwei nebeneinanderliegenden gelben Litzen mit violettem Längsfaden auf beiden aus violettem Samt bestehenden Kragenspiegeln sowie aus einer violett-goldenen Schnur um Kragen, Spiegel und Mützendeckel und einem goldenen Achselstück (f. b.) in der Ausführung des Achselstückes des Sturmhauptführers. Auf dem linken Unterarm trägt er das violette Oval (siehe Sanitätsführer).

Sanitäts-Sturmmann

(Siehe Sanitätsführer ohne ärztliches Staatsexamen.)

Sanitäts-Truppführer

(Siehe Sanitätsführer ohne ärztliches Staatsexamen.)

Schar

Die kleinste Einheit der S.A. bzw. S.S., auch Einheit der Hitlerjugend, der etwa 60 Jungen angehören.

Scharführer

Unterer Führer der S.A. bzw. S.S. Er hat als Dienstgradabzeichen (s. d.) einen Stern in der Knopffarbe auf dem linken Spiegel und um den Kragen die Zweifarbenschnur. Als Achselstück (s. d.) trägt er vier nebeneinanderliegende schachbrettartig angeordnete Schnüre in der Zweifarbenschnur auf einer Unterlage in der Spiegelfarbe, bei einer Breite von 20 mm.
Der Scharführer der Hitlerjugend hat auf den Schulterklappen zwei Sterne und eine grüne Führerschnur.

Schirmmütze

Bezeichnung für die Mütze, die der früheren Feldmütze ähnelt, im Gegensatz zur Hitlermütze; wird von der Hitlerjugend getragen.
Eine dunkelblaue Schirmmütze mit schwarzem Sturmriemen trägt der Marinesturm (s. d.) und eine schwarze Schirmmütze mit Totenkopf und Hoheitsabzeichen die S.S., S.S.-Führer vom Sturmführer aufwärts tragen an der Schirmmütze statt des schwarzen Sturmriemens eine doppelte Silberkordel.
Ebenso wird die Schirmmütze von den Amtswaltern getragen (s. d.).

Schnüre

(Siehe Gruppenschnur, Goldschnur, Silberschnur.)

Schulterklappen

Sie werden von der Hitlerjugend getragen und bestehen aus demselben braunen Material wie die Hemden. Auf den Schulterklappen befinden sich die Nummern der Formationen sowie die Dienstgradabzeichen, die aus Sternen, Eichenblatt und Eichenlaub bestehen. Die Schulterklappen der Hitlerjugend sind bei den unteren Dienstgraden durch zweifarbige Schnüre eingefaßt bzw. bei höheren Dienstgraden durch Silber- und Goldschnur, je nach der Farbe der Knöpfe.

Schulterriemen

Der Schulterriemen gehört zur Uniform der S.A., S.S. und Hitlerjugend. Er ist durch Karabinerhaken am Koppel befestigt und läuft über die rechte Schulter. Seine Schnalle wird auf der Brustseite getragen (siehe auch Koppel). Zur Uniform der Amtswalter wird kein Schulterriemen getragen.

Schützenstandarte

Sie ist kenntlich durch die Abkürzung S und grüne Beschriftung auf dem Spiegel. Auf der linken Brustseite wird das Schützenabzeichen getragen.

Schwalbennester

Sie werden von Angehörigen der Spielmannszüge und Angehörigen der Musikzüge getragen. Auf dem in der Mitte etwa 11 cm hohen Schwalbennest sind 7 Tressen angebracht und am unteren Rande durch eine gleiche Quertresse abgeschlossen.

Bei den Spielmannszügen haben sie als Grundton die Spiegelfarbe und aufgesetzte Gitter aus 20 mm breiten Baumwolltressen, gelb oder weiß, je nach Farbe der Knöpfe. Bei den Musikzügen haben sie ebenfalls als Grundton die Spiegelfarbe, aber aufgesetzte Gitter aus Silber- bzw. Goldtressen, je nach Farbe der Knöpfe. Spielmannszugführer tragen an den Schwalbennestern 3 cm lange silberne bzw. goldene Fransen. Musikzugführer (s. b.) tragen keine Schwalbennester.

Bei der Marine sind die Schwalbennester für Angehörige der M.3. dunkelblau mit goldenen Tressen, für Angehörige der S.3. dunkelblau mit gelben Baumwolltressen. Der S.3.-Führer trägt an den Schwalbennestern 6 cm lange Fransen in Gold.

Selbständiger Sturmbann

Ein nicht einer Standarte unterstehender, sondern der Brigade unterstellter Sturmbann, der Standarte werden soll, aber noch nicht die entsprechende numerische Stärke aufweist.

Signalpfeife

Sie ist das Abzeichen aller S.A.-Führer bzw. S.S.-Führer, die eine Formation führen. Sie wird an einer Doppelschnur je nach der Farbe der Spiegel getragen, und zwar vom zweiten Hemdenknopf zur rechten Brusttasche, beim kleinen Dienstrock vom obersten Knopf zur Brusttasche.

Führer der Hitlerjugend tragen die Führerschnur von der Schulterklappe aus zur Brusttasche auf der linken Seite.

Silberkordel (Siehe Schulterkordel bzw. Mützenkordel.)

Silberschnur

Die Umrandung um Kragen, Spiegel und Mützendeckel vom Sturmbannführer bis einschließlich Obergruppenführer, soweit sie silberne Knöpfe haben, sowie sämtlicher Gruppenführer, bei denen außerdem der Mützenaufschlag und Mützendeckel mit Silberschnur umrandet ist.

Silbertressen (Siehe Tressenwinkel.)

Sonderformation

Als Sonderformationen sind der S.A. angegliedert die Motor=S.A., technische Lehrstürme, Marinestürme, Nachrichtenstürme, Pionierstürme und Reiterstürme.

Spiegel (Siehe Kragenspiegel und Spiegelbeschriftung.)

Spiegelbeschriftung

Angehörige der S.A. bis zum Sturmführer einschließlich tragen auf dem rechten Spiegel in einer größeren arabischen Zahl, je nach der Gruppenzugehörigkeit weiß oder schwarz, ihre Standartennummer und links davon — durch einen schrägen Strich getrennt — in einer kleineren arabischen Zahl, die Zahl ihres Sturmes (z. B. 13/3). Die Sturmnummer ist 12 mm, die Standartennummer 22 mm hoch. Sturmbannführer und Angehörige des Stabes eines Sturmbannes oder eines Motorstaffelstabes tragen statt der kleineren arabischen Ziffer in einer römischen Zahl die Nummer ihres Sturmbannes und ihrer Standarte (z. B. I/3).

Angehörige des Standartenstabes führen nur die 22 mm hohe Standartennummer in der Mitte des rechten Spiegels (z. B. 3).

Der Führer einer Standarte trägt auf dem rechten Spiegel unterhalb des Eichenblattes die Nummer seiner Standarte aus Metall, in der Farbe der Knöpfe, 7 mm hoch, 4 mm breit.

Die Angehörigen eines Stabes einer Brigade, soweit sie nicht den Rang eines Standarten- oder Oberführers haben, tragen die Abkürzungsbezeichnung ihrer Brigade (z. B. Br. 12). Nach einer neuesten Verfügung der Obersten S.A.-Führung sind die Brigaden fortlaufend numeriert.

Spiegelfarben

Mit der Knopffarbe zusammen sind die Spiegelfarben das Hauptkennzeichen für die Zugehörigkeit zu einer bestimmten Gruppe. Es bedeuten:

Apfelgrün: a) mit goldenen Knöpfen: Pommern,
b) mit silbernen Knöpfen: Thüringen.

Blau: Siehe Hellblau und Marineblau.

Braun: Siehe Dunkelbraun

Dunkelbraun: a) mit goldenen Knöpfen: Niedersachsen,
b) mit silbernen Knöpfen: Westmark.

Dunkelweinrot: a) mit goldenen Knöpfen: Ostland,
b) mit silbernen Knöpfen: Westfalen.

Gelb: Siehe Schwefelgelb und Orangegelb.

Grün: Siehe Apfelgrün, Smaragdgrün, Stahlgrün.

Hellblau: a) mit goldenen Knöpfen: Bayr. Ostmark,
b) mit silbernen Knöpfen: Hochland.

Hochrot: a) mit goldenen Knöpfen: Chef des Stabes,
b) mit silbernen Knöpfen: Obergruppen- und Gruppenstäbe.

Karmesin: Stab der Obersten S.A.-Führung, Chef des Kraftfahrwesens, Chef des Ausbildungswesens, Generalinspekteur, Reichsführerschule.

Marineblau: a) mit goldenen Knöpfen: Hansa,
b) mit silbernen Knöpfen: Hessen.

Orangegelb: a) mit goldenen Knöpfen: Mitte,
b) mit silbernen Knöpfen: Südwest.

Rosarot: Ostmark.

Rot: Siehe Hochrot, Karmesin, Rosarot.

Schwarz: a) mit goldenen Knöpfen: Niederrhein,
b) mit silbernen Knöpfen: Berlin-Brandenburg.

Schwefelgelb: a) mit goldenen Knöpfen: Franken,
b) mit silbernen Knöpfen: Schlesien.

Smaragdgrün: a) mit goldenen Knöpfen: Nordmark,
b) mit silbernen Knöpfen: Sachsen.

Stahlgrün: a) mit goldenen Knöpfen: Nordsee,
b) mit silbernen Knöpfen: Österreich.

Spiegel-beschriftung
(Text auf Seite 75)

Spiegel eines Standartenführers

Spiegel des Sturmes 13 der Standarte 3

Spiegel d. Sturmes 21 d. Standarte 16 (Reserve)

Spiegel d. Stabes d. Sturmbann IV d. Stand. 3

Spiegel für Stabsangehörige der Brigade 28

Spiegel des Stabes der Standarte 3

Spiegel d. Motorsturmes 1 d. Motorstaffel 6

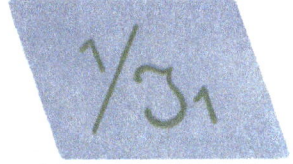

Spiegel d. Sturmes 1 der Jägerstandarte 1

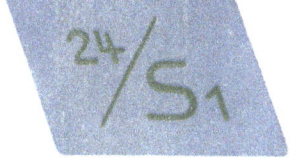

Spiegel d. Sturmes 24 d. Schützenstandarte 1

Spiegel des Nachrichten-sturms der Leibstandarte

Angehöriger eines Spielmannszuges
der SA. der Gruppe Berlin-Brandenburg

Spielleute

Sie sind kenntlich durch die Schwalbennester, die als Grundton die Spiegelfarbe haben, mit aufgesetzten Gittern aus weißen oder gelben Baumwolltressen, je nach der Farbe der Knöpfe (s. auch Schwalbennester).

Spielmannszugführer

Sie haben dieselben Schwalbennester (s. d.) wie die Spielleute und an diesen 3 cm lange silberne oder goldene Fransen, je nach der Farbe der Knöpfe. Der Spielmannszugführer trägt einen Tambourstock (s. d.).

Spielmannszugführer im Range eines Sturmführers der Gruppe Hessen

Scharführer der S.S. im Diensthemd

S.S.

Die Bezeichnung S.S. taucht zum erstenmal im Dezember 1924 auf und bedeutet Schutz-Staffel. Ursprünglich gehörten ihr nur 11 Mann an. Heute beträgt die Stärke der S.S. 10% der S.A. Ihr obliegt hauptsächlich der Führerschutz. Bei der S.S. sind mit Ausnahme des braunen Hemdes alle Bekleidungsstücke und Ausrüstungsstücke, also auch der Binder, die Stiefel, das Koppel (f. d.), die Mütze usw., schwarz. Die S.S. trägt die Armbinde wie die S.A., jedoch ist sie oben und unten von einem schwarzen Streifen eingefaßt. Die gesamte S.S. hat schwarze Kragenspiegel und schwarz-weiße Zweifarbenschnur. Dienstrang und Dienstgradabzeichen entsprechen denen der S.A.

Sturmführer der S.S. im Dienstrock

S.S.-Mantel

Von der S.S. wird ein schwarzer Mantel getragen, zweireihig mit fünf silbernen Knopfpaaren. Wie beim Mantel der S.A. ist auch hier der Kragen entsprechend dem Dienstgrad eingefaßt. Ebenso werden auf dem Mantel Kragenspiegel und Achselstücke getragen. Im Gegensatz zu dem Mantel der S.A. kann jedoch der Mantel auch mit herausgeschlagenen Mantelklappen getragen werden.

S.S.-Standarte Adolf Hitler

Die Standarte Adolf Hitler trägt zur S.S.-Uniform als Kopfbedeckung einen schwarzen Stahlhelm mit dem Hakenkreuz als Abzeichen, ferner an Stelle der S.S.-Sturmbänder um den linken Unterarm eine schwarze Binde mit der Inschrift „Adolf Hitler" in Weiß. Auf dem rechten Spiegel doppeltes Runenzeichen. Die Angehörigen der Stabswache dürfen nicht unter 1,80 m groß sein (s. Fig. S. 83).

S.S.-Zivilabzeichen

Das Zivilabzeichen der S.S. besteht aus zwei Runenzeichen, die die S-Rune der nordischen Runenalphabete darstellen. Da das Runenalphabet keinerlei senkrechte oder waagerechte Striche kennt, weil diese sich schwerer einritzen ließen, ist darauf zu achten, daß die Runenzeichen stets schräg stehen.

Stabsführer

Höhere Formationsführer, vom Brigadeführer aufwärts, haben neben ihrem Adjutanten noch einen Stabsführer. Sein Abzeichen ist eine silberne Tresse auf beiden Unterarmen.

Stabsrechnungsführer

Der Verwaltungsführer einer Gruppe mit der Anrede Stabsrechnungsführer. Er steht im Dienstrang eines Obersturmführers, Sturmhauptführers bzw. Sturmbannführers und trägt jeweils die Uniform des ihm verliehenen Dienstgrades. Die Dienstgradabzeichen befinden sich in Silber auf beiden aus blauem Samt bestehenden Kragenspiegeln. Die Litzen sind weiß mit blauem Längsfaden, bei der S.S. weiß mit schwarzem Längsfaden. Mützenkopf: hochrot.

Stabsverwaltungsführer

Höchster Verwaltungsführer (s. d.) bei der Obersten S.A.-Führung sowie allenfalls bei Gruppen und Obergruppen, mit der Anrede Stabsverwaltungsführer. Er steht im Rang eines Oberführers, Standartenführers oder Obersturmbannführers und trägt jeweils die Uniform des ihm verliehenen Dienstgrades. Die Dienstgradabzeichen sind aus Silber und werden auf beiden Kragenspiegeln aus blauem Samt getragen. Die Litze des Obersturmbannführers ist weiß mit blauem Längsfaden, bei der S.S. weiß mit schwarzem Längsfaden. Beim Oberführer ist die Umrandung des Mützenaufschlages aus blauer Schnur. Mützenkopf karmesin- bzw. hochrot, je nachdem, ob er bei der Obersten S.A.-Führung oder bei einer Gruppe bzw. Obergruppe tätig ist.

Stabswachen

Angehörige der Stabswachen tragen am linken Unterarm einen Armstreifen in der Spiegelfarbe mit der Aufschrift: Stabswache.

Am Dienstrock und am Mantel wird dieser Armstreifen, 3 cm breit, am oberen Ende des Aufschlages, am Diensthemd 15 cm vom unteren Rande des linken Ärmels entfernt, angebracht.

Für die Stabswache der Obersten S.A.-Führung ist die Farbe der mit Garn eingestickten Aufschrift gelb, für die Stabswache der Obergruppen und Gruppen weiß, für die Stabswache der anderen S.A.-Einheiten in der vorgeschriebenen Nummernfarbe.

Die Stabswache des preußischen Ministerpräsidenten trägt S.A.-Uniform mit kleinem Dienstrock und braunem Stahlhelm.

Angehöriger der S.S.-Standarte Adolf Hitler

Staffel
Einheit der Motor-S.A. (Motorstaffel), die dem Sturm~~bann~~ ~~der~~ S.A. entspricht.

Staffelführer
Bezeichnung für den Führer einer Motor-S.A.-Staffel, die dem S.A.-Sturmbanne entspricht.

Stahlhelm
Der Stahlhelm wird schwarz mit dem Hakenkreuz von der Standarte „Adolf Hitler" getragen, braun von der Stabswache des Chefs des Stabes und des preußischen Ministerpräsidenten.

Stahlhelm-Abzeichen
Den in die S.A. überführten Stahlhelm-Angehörigen ist das Tragen des Stahlhelm-Abzeichens zum Dienstanzug auf dem linken Unterarm gestattet. Das Abzeichen ist auf einem auf der Spitze stehenden schwarzen Tuchviereck (4×4 cm) angebracht. Auf dem Zivilanzug wird das Stahlhelm-Abzeichen unter dem S.A.-Abzeichen getragen.

Standarte
Einheit der S.A. bzw. S.S., die aus mehreren Sturmbannen besteht. Außerdem Bezeichnung für das Feldzeichen (s. d.) der S.A. Die Standarte wird vom Obersten S.A.-Führer verliehen und besteht aus einem roten Tuch 60×70 cm, das in weißem Feld das Hakenkreuz zeigt mit den Worten „Deutschland erwache" über und unter der weißen Scheibe. Über dem Standartentuch befindet sich ein 12 cm hoher und 40 cm breiter Querbalken, der die Bezeichnung der Standarte trägt (Name eines gefallenen S.A.-Mannes oder des Gaues bzw. Standortes der Standarte). Darüber am oberen Ende der Stange das Hoheitsabzeichen (s. d.), bei dem der Durchmesser des Hakenkreuzes 32 cm beträgt. Die Gesamthöhe der Standarte ist 2,30 m. Der Träger der Standarte führt die Bezeichnung Kornett (s. d.).
Die erste Verleihung einer Standarte erfolgte auf dem ersten Parteitag am 28. Januar 1923 in München an München, München II, Nürnberg und Landshut. (S. Tafel S. 85.)

Standartenführer
Höherer Führer der S.A. bzw. S.S. Seine Dienstgradabzeichen (s. d.) bestehen aus einem Eichenblatt auf beiden Spiegeln sowie aus einer Silber- bzw. Goldschnur, je nach Farbe der Knöpfe, um Kragen, Spiegel und Mützenrand, einer Zweifarbenschnur in der für die Gruppe vorgeschriebenen Farbe um den oberen Rand des Mützenaufschlages. Führt er tatsächlich eine Standarte, so trägt er darunter anschließend eine 1 cm breite Silber- bzw. Goldtresse. Weiter ein geflochtenes Achsel-

Die Fahnen der S.A.

Sturmfahne des Sturmes 32 der Standarte 3, dem zur Erinnerung an den gefallenen Angehörigen des Sturmes von der Obersten S.A.-Führung der Name Willi Walter verliehen wurde

Standarte, das Feldzeichen der S.A. (hier das Feldzeichen der Standarte 5 Berlin, die den Namen Horst Wessel führt) Standarten, denen ein Name verliehen ist, tragen seit September 1933 den Namen auf der Vorderseite des Querbalkens, während sonst auf der Vorderseite des Querbalkens die Buchstaben N.S.D.A.P. stehen.

stück aus Gold= bzw. Silberschnur auf einer Unterlage in der Spiegelfarbe in einer Breite von 25 mm. Unter dem Eichenblatt des rechten Kragenspiegels führt er seine Standartennummer; die in Metall geprägten Ziffern, in der Farbe der Knöpfe gehalten, sind 7 mm hoch und 4 mm breit.

Standartengeldverwalter (Siehe Rechnungsführer.)

Standartennummer

Sie wird — durch einen Bruchstrich von der kleineren Sturmnummer getrennt —, 22 mm hoch, in arabischen Ziffern auf dem rechten Kragenspiegel geführt. Die arabische Standartennummer, allein auf dem Spiegel getragen, bezeichnet die Zugehörigkeit zum Standartenstab. Die Verleihung von Standartennummern erfolgt durch die Oberste S.A.-Führung.

Standartenträger

Sie führen die Bezeichnung Kornett (s. d.) und sind kenntlich an einem Brustschild. Die Standarte tragen sie vor der Brust an einem besonderen Koppel mit Fahnenschuh.

Stander

Die Fahne eines Motorsturms (s. auch Kraftbootabteilung).

Sterne

Sie gehören als viereckige Sterne zu den Dienstgradabzeichen (s. Dienstgrad= abzeichen). Ihre Farbe richtet sich nach der Farbe der Knöpfe. Sie sind auf dem Spiegel so zu befestigen, daß sie parallel zu dem oberen und unteren Spiegelrand stehen. Beim Obersturmbannführer, Sturmhauptführer und Obersturmführer sind die vorderen Sterne so angebracht, daß ihre äußere Kante mit dem Faden der Litze zusammenfällt.
Einen sechsstrahligen Stern führt der Chef des Stabes, und zwar in Gold, auf beiden Kragenspiegeln ebenso wie auf dem Achselstück.

Stiefel

Die Fußbekleidung der S.A. besteht aus hohen braunen Stiefeln. Schwarze Stiefel werden von den Politischen Leitern getragen. Die Angehörigen der Brigade 85 (München=Oberbayern) sowie der Standarte 20 der Gruppe Hochland tragen braune oder schwarze Halbschuhe. Desgleichen die Hitlerjugend. Zu langen Beinkleidern werden schwarze Schnürschuhe bzw., wenn die Hose Stege besitzt, Stiefletten ge= tragen.
Die Motor=S.A., die Marineſtürme und die S.S. tragen schwarzes Schuhzeug.

Stiefelhose

Sie soll bei der S.A. stets die Farbe des Diensthembdes bzw. des Dienstrockes haben, sie ist dementsprechend braun; lediglich Motorstürme der S.A. tragen schwarze, die Marinestürme blaue Hosen. Braune Hosen tragen auch die P.O.=Leiter, während für die S.S. schwarze Hosen vorgeschrieben sind. Der Reithosenschnitt ist erlaubt.

Strümpfe

Angehörige der Brigade 85 (München=Oberbayern) und der Standarte 20 der Gruppe Hochland tragen zu ihren kurzen Lederhosen hellgraue oder weiße Waden=strümpfe.

Studenten

Farbentragende Studenten dürfen bei rein studentischen Veranstaltungen in ge=schlossenen Räumen zum S.A.=Dienstanzug Studentenmütze und Couleurband tragen.

Sturm

Einheit der S.A. (s. d.) bzw. S.S., die sich aus mehreren Trupps zusammensetzt und dem Sturmbann untersteht.

Sturmband

Bei der S.S. wird die Nummer des Sturms nicht auf dem Kragenspiegel geführt, sondern auf dem linken Unterarm auf einem schmalen Band, das je nach der Sturmbannzugehörigkeit verschiedenfarbig eingefaßt ist. Es bedeuten:

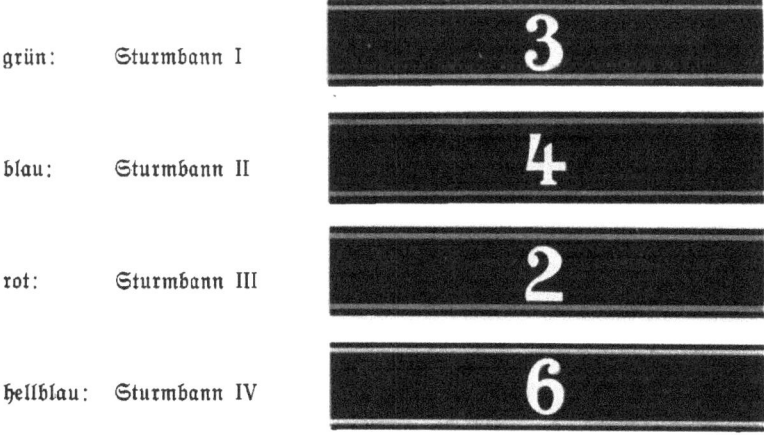

grün: Sturmbann I

blau: Sturmbann II

rot: Sturmbann III

hellblau: Sturmbann IV

Sturmbann

Einheit — etwa 4 bis 10 Stürme — der S.A. (s. d.) bzw. S.S.

Sturmbannführer

Mittlerer Führer der S.A. bzw. S.S. Seine Dienstgradabzeichen (s. d.) bestehen aus vier goldenen bzw. silbernen Sternen, die paarweise parallel zu den schmäleren Kanten des linken Kragenspiegels laufen, aus einer Silber- bzw. Goldschnur, je nach Farbe der Knöpfe, um Kragen, Spiegel und Mützenrand sowie aus einem silbernen bzw. goldenen Achselstück (s. b.) auf einer Unterlage in der Spiegelfarbe, bei einer Breite von 20 mm. Führt er einen Sturmbann, so trägt er auf dem rechten Kragenspiegel vor der Standartennummer die 12 mm hohe römische Ziffer seines Sturmbannes (s. Spiegelbeschriftung).

Sturmfahne

Die Sturmfahne wird von einem Sturm geführt. Sie besteht aus rotem Tuch mit einer weißen Scheibe, in der sich das Hakenkreuz befindet. Bei einer Fahnenstangenlänge von 3 m hat das Fahnentuch ein Format von 120×140 cm. Die weiße Scheibe hat einen Durchmesser von 90 cm, das Hakenkreuz eine Höhe bzw. Breite von 60 cm bei 12 cm breiten Armen. Die Fahne kann mit goldenen oder silbernen Fransen eingefaßt sein, je nach der Farbe der Knöpfe der die Sturmfahne führenden Formation. In der oberen inneren Ecke, dicht an der Fahnenstange, befindet sich auf beiden Seiten in einer Höhe von 15 cm und einer Breite von 20 cm ein in der Farbe der Kragenspiegel mit Gold- oder Silberschnur geränderter Fahnenspiegel aus Stoff in der Farbe des Kragenspiegels mit der Sturmnummer. Wenn dem Sturm von dem obersten S.A.-Führer ein besonderer Name verliehen ist, so darf dieser neben dem Spiegel, nahe dem oberen Rande des Fahnentuches, in einer Buchstabenhöhe von 8 cm, mit Gold- bzw. Silberschnur eingestickt werden. Die Namen von gefallenen S.A.-Männern eines Sturms werden auf einem flachen Silberring (15 mm breit, 1 mm stark) in Höhe des unteren Randes des Fahnentuches angebracht. Weitere Ringe, darunter mit einem Abstand von 5 mm. Der Name eines gefallenen Fahnenträgers wird auf einem vergoldeten Silberring an der Fahnenstange angebracht. Die Beschriftung der Ringe erfolgt mit Dienstgrad, Vor- und Zuname sowie Todestag des Gefallenen in gotischer Schrift. Die Fahne darf nur mitgeführt werden, wenn der ganze Sturm angetreten ist, ausgenommen, wenn die Fahnenabordnungen befohlen sind (s. Tafel auf S. 83).

Die Marine-Einheiten führen die gleichen Sturmfahnen wie die S.A., jedoch mit dunkelblauem Fahnenspiegel, auf dem neben der Sturmnummer der unklare Anker eingestickt ist.

Die Sturmfahnen und Feldzeichen der S.A., S.S., des Stahlhelms und der Polizei sowie die Fahnen der alten Armee sind von jedem S.A.-Mann zu grüßen. Geschlossene Abteilungen erweisen, wenn sie stehen, die Ehrenbezeigung durch das Kommando „Stillgestanden"; im Marsch grüßt nur der Führer.

Zu grüßen sind ferner die Fahnen der P.O. und der Hitler-Jugend, falls sie im geschlossenen Zuge mitgeführt werden.
Die Fahnenspitze ist für alle Sturmfahnen neu vorgeschrieben.

Sturmflagge (für Reiterstürme)

Größe der Fahnentücher 68 × 35 cm. Durchmesser des Kreises 22 cm. Länge der Lanze ohne Spitze 3,20 m; 25 mm stark

Reiterstürme führen an Stelle der Sturmfahne eine Sturmflagge in der Ausführung der nebenstehenden Figur. Das rote Fahnentuch hat im inneren oberen Eck einen Spiegel von 9 cm im Quadrat, in der Farbe des Kragenspiegels mit Sturm- und Standartennummer. Die Flagge ist mit einer Gold- bzw. Silberschnur je nach Farbe der Knöpfe eingefaßt.

Befestigt wird die Sturmflagge an einer Lanze mit abgenommener Spitze, an deren Stelle die für die Kommandoflaggen vorgeschriebene Flaggenspitze angebracht wird. Das Flaggentuch wird an der Lanze so angebracht, daß der obere Rand sich 48 cm unterhalb der Spitze befindet.

Sturmführer

Mittlerer Führer der S.A. bzw. S.S. Seine Dienstgradabzeichen (f. d.) bestehen aus drei goldenen bzw. silbernen Sternen, die von der unteren vorderen Ecke des Kragenspiegels diagonal zur oberen hinteren Ecke verlaufen, sowie aus der Zweifarbenschnur um Kragen, Spiegel und Mützenrand und aus einem silbernen bzw. goldenen Achselstück auf einer Unterlage in der Spiegelfarbe, bei einer Breite von 20 mm.

Sturmhauptführer

Mittlerer Führer der S.A. bzw. S.S. Seine Dienstgradabzeichen (f. d.) bestehen aus drei goldenen bzw. silbernen Sternen, die von der unteren vorderen Ecke des Kragenspiegels diagonal zur oberen hinteren Ecke verlaufen; davor auf demselben Kragenspiegel zwei Litzen (f. d.), sowie aus einem silbernen bzw. goldenen Achselstück auf einer Unterlage in der Spiegelfarbe, bei einer Breite von 20 mm.

Sturmmann

Bezeichnung für den untersten Dienstgrad der S.A. und S.S. Er unterscheidet sich von dem S.A.- und S.S.-Mann durch eine Litze (f. d.) am vorderen Rand des Kragenspiegels (f. Dienstgradabzeichen).

S.A.-Männer, die vor dem 31. Januar 1933 in die S.A. eingetreten sind, sind sämtliche am 9. November 1933 zu diesem Dienstgrad befördert worden.

Sturmnummer
Sie ist in einer 12 mm hohen arabischen Ziffer vor der durch Bruchstrich getrennten 22 mm hohen Standartennummer auf dem rechten Kragenspiegel angebracht (s. Spiegelbeschriftung).

Sturmriemen
Die Dienstmütze der S.A. und S.S. besitzt einen Sturmriemen aus Leder, der im Dienst heruntergelassen unter dem Kinn getragen wird.

Sturzhelm
Er gehört zur Ausrüstung der Motorstürme und ist mit dem Hoheitsabzeichen geschmückt.

Stützpunktleiter (Siehe Amtsleiter)

Tambourstock
Der Tambourstock, der vom Spielmannszugführer (s. d.) geführt wird, ist mit einer Schnur in der Gruppenfarbe umwunden.

Technischer Lehrsturm
Die Angehörigen der technischen Lehrstürme tragen auf dem linken Unterarm auf einer hellblauen Tuchraute ein silbernes, achtspeichiges Zahnrad mit sechzehn Zähnen (s. Abbildg.).

Totenkopf

Das Abzeichen der S.S. auf der Dienstmütze sowie auf der Schirmmütze. Der Totenkopf ist unterhalb des Hoheitszeichens befestigt.

Trauer (Siehe Armbinden.)

Tresse
Die Führer von Standarten, Brigaden, Gruppen und Obergruppen sowie die Abteilungschefs der O.S.A.F. tragen, auch wenn sie nur mit der Führung beauftragt sind, um den Mützenaufschlag, unmittelbar anschließend an die Zweifarben — bzw. Silber- oder Goldschnur des Mützenaufschlags — eine silberne bzw. goldene Tresse (s. Mützentresse).

Treffenwinkel

Kragenspiegel eines Unterabteilungsleiters der Gauleitung

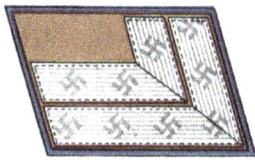

Kragenspiegel der Zellenwarte

a) Spiegelabzeichen für die unteren Rangstufen der Politischen Leiter. Die Winkel bestehen aus silbernen Tressen mit Hakenkreuzmuster. Spiegelgröße 4×5,6 cm.

2 Winkel führen die

Unterabteilungsleiter der Reichsleitung (karmesinrote Spiegel),

Abteilungsleiter der Gauleitung (rote Spiegel),

Abteilungsleiter der Kreisleitung (dunkelbraune Samtspiegel) und

Zellenwarte der Ortsgruppenleitung (hellbraune Tuchspiegel).

1 Winkel führen die

Unterabteilungsleiter der Gauleitung (rote Spiegel),

Unterabteilungsleiter der Kreisleitung (dunkelbraune Samtspiegel),

Blockwarte der Ortsgruppenleitung (hellbraune Tuchspiegel).

b) Armabzeichen für jene S.A.-Führer und -Männer, die in der Zeit vom 1. 1. 23 bis 31. 12. 32 in die S.A. eingetreten sind und außerdem seit 1. 1. 33 ununterbrochen in der S.A. stehen. Der Winkel — am Braunhemd, Dienstrock und Mantel auf dem r e c h t e n Oberarm getragen — besteht hier aus einer 1 cm breiten, rot durchwirkten Goldtresse (bei der S.S. statt dessen Silber mit Schwarz durchwirkt) mit der Öffnung nach oben. (Verfüg. v. 3./II. 34.)

Trommelbuben

Bezeichnung für die Spielleute des D.J., die mit einer Landsknechttrommel ausgerüstet sind.

Trupp

S.A.-Einheit, die aus 3 bis 4 Scharen besteht. Mehrere Trupps bilden einen Sturm.

Truppführer

Unterer Führer der S.A. und S.S. Sein Dienstgradabzeichen (s. d.) besteht aus zwei diagonal gestellten goldenen bzw. silbernen Sternen je nach der Farbe der Knöpfe.

Tuchrauten

Der Untergrund für die Ärmelabzeichen der Motorstaffeln (s. Kraftfahrerabzeichen) und die Abzeichen der technischen Lehrstürme (s. d.).

Tyr-Rune
Sie ist das Abzeichen der Absolventen der Reichsführerschule (s. d.), hat die Form einer Pfeilspitze und wird auf einem schwarzen Sechseck auf dem linken Oberarm getragen, sowie am rechten Kragenspiegel von allen Angehörigen des Stabes der Reichsführerschule.

Überzug über den Mützenkopf (Siehe Mützenüberzug.)

Umhang
Statt des Mantels kann von den S.A.-Führern und S.A.-Männern außer Dienst jederzeit ein Umhang aus Tuch oder wasserdichtem Stoff in S.A.-Braun oder Mantel-Olivgrün getragen werden; im Dienst dürfen den Umhang nur S.A.-Führer vom Sturmführer einschließlich aufwärts tragen und auch nur dann, wenn die von ihnen geführte Abteilung im Mantel ausrückt. Der Kragen des Umhanges erhält vorschriftsmäßige Kragenspiegel, Dienstgradabzeichen und Schnurumrandung. Achselstücke sind dagegen am Umhang nicht zu tragen.

Unterbann
Bezeichnung für eine Einheit der Hitlerjugend (s. d.), die aus den Gefolgschaften gebildet wird und dem Bann untersteht. Der Unterbannführer trägt auf den Schulterklappen vier Sterne und eine weiße Führerschnur.

Untere Führer
Die Dienstgrade der unteren Führer der S.A. und S.S. heißen: Sturmmann, Rottenführer, Scharführer, Oberscharführer, Truppführer, Obertruppführer (s. diese und Dienstgradabzeichen).

Untergruppe
Früher bestanden, heißt jetzt Brigade (s. d.).

Verdienstabzeichen
Es kann von den P.O.-Leitern auf dem linken Oberarm getragen werden und enthält auf einem schwarzen Streifen von 1 cm Breite in Silber die Jahreszahl des Eintritts in die Partei. Als erste Jahreszahl kommt das Jahr 1925 in Betracht. Das Tragen des Verdienstabzeichens ist keine Muß-Vorschrift (s. a. Ehrenzeichen der S.A. und S.S.).

Verwalter der H.J.
Sie führen als Abzeichen auf dem linken Unterarm eine schwarze Scheibe mit einem weißen V.

Verwaltungsführer

1. Bezeichnung für die im Geldwesen oder Verwaltungsdienst tätigen S.A.-Führer. Sie haben folgende Anrede:

bei der Obersten S.A.-Führung sowie allenfalls bei Gruppen und Obergruppen:
- a) Stabsverwaltungsführer (Dienstrang eines Oberführers, Standartenführers oder Obersturmbannführers);
- b) Oberverwaltungsführer (Dienstrang eines Standartenführers, Obersturmbannführers oder Sturmbannführers);
- c) Verwaltungsführer (Dienstrang eines Obersturmbannführers, Sturmbannführers oder Sturmhauptführers);

bei der Gruppe: Stabsrechnungsführer (Dienstrang eines Sturmbannführers, Sturmhauptführers oder Obersturmführers;

bei der Brigade: Oberrechnungsführer (Dienstrang eines Sturmhauptführers, Obersturmführers oder Sturmführers);

bei der Standarte: Rechnungsführer (Dienstrang eines Obersturmführers, Sturmführers oder Obertruppführers);

beim Sturmbann: Obergeldverwalter (Dienstrang eines Sturmführers, Obertruppführers oder Truppführers);

beim Sturm: Geldverwalter (Dienstrang eines Obertruppführers oder Truppführers).

Sie tragen je nach dem verliehenen Dienstgrad die Dienstgradabzeichen desselben, jedoch in Silber auf beiden Kragenspiegeln. Die Spiegel sind aus blauem Samt, die Kragen- und Mützenumrandung besteht aus blauer Schnur bzw. vom Sturmbannführer aufwärts aus Silberschnur. Der Mützenkopf hat die Spiegelfarbe der Gruppe; bei Angehörigen eines Gruppen- oder Obergruppenstabes ist er hochrot, bei Verwaltungsführern, die der Obersten S.A.-Führung zugeteilt sind, karmesin. Die Litze der Kragenspiegel ist weiß mit blauem Längsfaden. Für die Dienstgrade bis einschließlich Obertruppführer besteht das Achselstück aus vier nebeneinanderliegenden blauen Schnüren auf blauem Grund, bei einer Breite von 20 mm.

Veterinär der H.J.

Sie führen als Abzeichen auf dem linken Unterarm ein blaues 5,8 cm hohes aufrechtes Oval, das mit goldener Schnur eingefaßt und einer goldenen Schlange belegt ist.

Wanderhosen

Sie werden von der Hitlerjugend getragen, sind kniefrei und aus Velveton gearbeitet (s. auch Kniehosen).

Wanderwimpel

Sie werden von dem Jungvolk und dem Bund deutscher Mädels geführt.

Wassersportschulen

Für Leiter, Lehrer und Hilfslehrer ist der Dienstanzug der gleiche wie für Marine-Jungsturm-Führer (s. d.). Statt des Mützenbandes des zuständigen Jungsturms wird jedoch als Ärmelstreifen 10 cm über dem rechten Ärmelrand das schwarze Mützenband der betreffenden S.A.-Wassersport-Schule getragen.

Die Schüler tragen den Arbeitsanzug wie die Jungsturmmänner mit schwarzen Schuhen und blauer Matrosenmütze sowie im Winter mit blauer Pudelmütze und blauem Jumper. Als Kokarde wird das Hoheitsabzeichen geführt. Auf dem schwarzen Mützenband steht in goldener deutscher Schrift: „S.A.-Wassersport-Schule Ortsname."

Die Hakenkreuzarmbinde wird beim Bootsdienst nicht getragen.

Rangabzeichen werden von Schülern auf dem Arbeitsanzug nicht getragen.

Als Ausgehanzug gilt der Dienstanzug mit Rangabzeichen und Abzeichen des heimatlichen Sturms oder Jungsturms.

Truppführer tragen zum Dienstanzug der Schüler einen gestickten blauen unklaren Anker auf dem rechten Oberarm.

Wehrstahlhelm

Bei der Eingliederung des Wehrstahlhelms in die S.A. sind für die Ernennung der Wehrstahlhelmführer folgende Dienstgrade gleichgestellt worden:

Oberjungmann	= Rottenführer
Gruppenführer	= Scharführer
Feldmeister	= Truppführer
Oberfeldmeister	= Obertruppführer
Kompanieführer	= Sturmführer bis Sturmhauptführer
Bataillonsführer	= Sturmbannführer
Regimentsführer	= Standartenführer

Weiße Wäsche

Zum Gesellschaftsanzug (s. d.) darf beim kleinen Dienstrock statt des braunen Hemdes auch ein einfarbiges weißes Hemd mit weißem Kragen getragen werden. Der Binder bleibt braun.

Wickelgamaschen

An Stelle der hohen Stiefel dürfen notfalls auch Schnürschuhe mit Wickelgamaschen, die zu der Farbe der Stiefel passen müssen (schwarz oder braun), getragen werden.

Wimpel für Kraftwagen

Mitglieder des N.S.K.K. (f. d.) führen als Kraftwagenwimpel einen roten Stander mit dem Hoheitsabzeichen des N.S.K.K. in weißer Scheibe. Von Angehörigen der S.A., S.S. sowie von den P.O.-Leitern kann statt des Hoheitsabzeichens des N.S.K.K. auch das Hoheitsabzeichen ohne die Buchstaben N.S.K.K.

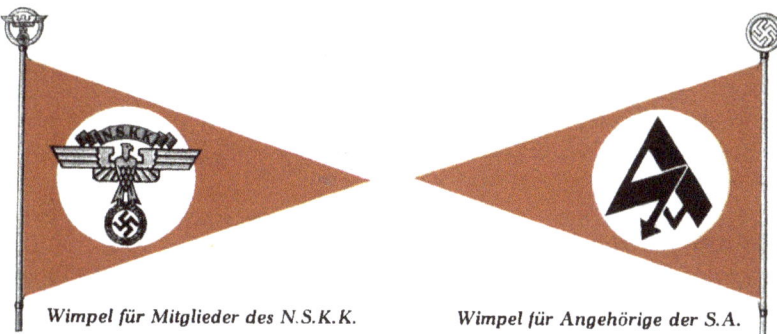

Wimpel für Mitglieder des N.S.K.K.   Wimpel für Angehörige der S.A.

geführt werden. Außerdem können Angehörige der S.A. und S.S. neben diesem Wimpel auch einen Wimpel mit dem S.A.- bzw. S.S.-Zivilabzeichen führen. Die Nickelstange, an der der Wimpel befestigt ist, hat als Spitze den stilisierten auffliegenden Adler mit dem das Hakenkreuz umgebenden Eichenkranz in den Fängen. (Siehe auch Kommandoflaggen.)

Winkel (Siehe Tressenwinkel.)

Z

Ein goldenes gotisches Z in einem Oval (5×7 cm) aus violettem Samt, mit Goldschnur eingefaßt, auf dem linken Unterarm getragen, ist das Erkennungszeichen eines Zahnarztes.

Zellenwart

Zweitunterste Stufe der Ortsgruppenleitung. Er trägt auf dem Dienstanzug der P.O.-Leiter (f. d.) hellbraune Tuchspiegel mit zwei silbernen Winkeln.
Sein Kragen ist hellblau paspeliert, ebenso die Mütze, die außerdem ein Mützenband aus hellbraunem Stoff und eine silberne Mützenkordel besitzt.

Zugehörigkeitsabzeichen

Die Zugehörigkeit zu einer Gruppe wird bestimmt durch die Farbe der Kragenspiegel, der Einfassung dieser Kragenspiegel, der Umrandung von Kragen und Mütze sowie der Farbe der Spiegelnummern, der Knöpfe und Dienstgradabzeichen (f. Tafel: Gruppen- und Zugehörigkeitsabzeichen).

Zur Verfügung der Obersten S.A.

S.A.-Führer, die zur Verfügung der Obersten S.A.-Führung mit der Erlaubnis zum Tragen ihres bisherigen Dienstanzuges gestellt sind, tragen ihren Dienstanzug, jedoch mit silbergrauen Tuchspiegeln, im Gegensatz zu den silbergrauen Samtspiegeln jener S.A.-Führer, denen ehrenhalber ein Dienstgrad in der S.A. verliehen ist, und silbergrauem Band um den Mützenkopf.

Zweidornschnalle

Die Form der Zweidornschnalle, wie sie als Führerschnalle bei dem S.A.-Koppel getragen wird, ist ein Rechteck mit abgerundeten Ecken und Kanten, das je nach der Breite des Koppels 5—7 cm hoch und 3,5 bis 4 cm breit ist. Die Schnalle ist ebenso wie die beiden Karabinerhaken des Schulterriemens und die Ringe der Schlaufen gekörnt, entsprechend der Knopffarbe.

Die Zweidornschnalle darf gemäß Verfügung vom 1. 12. 33 jetzt auch — und zwar auch im Dienst — von S.A.-Männern getragen werden.

Bei Neuanschaffungen ist nur noch die Zweidornschnalle zulässig.

Nachtrag und Berichtigungen

zu den vorhergehenden Bestimmungen, abgeschlossen mit dem 1. März 1934.

Adjutantenschnur

Die Schnüre für Adjutanten einschließlich Adjutantendiensttuer sind folgende:

Silber:	persönlicher Adjutant des Stabschefs
karmesinrot mit Gold:	übrige Adjutanten des Stabschefs
karmesinrot mit Silber:	Adjutanten der vortragenden Chefs des Obersten S.A.-Führers
hochrot mit Silber:	Adjutanten im Stabe der S.A.-Obergruppen und Gruppen
in der Zweifarbenschnur (Kunstseide):	Adjutanten im Stab der Brigaden, Standarten und Sturmbanne der S.A.
in der Farbe der S.A.-Einheit, von der sie abkommandiert sind:	sonstige von der Obersten S.A.-Führung bewilligte Adjutanten bei Ministern, Reichsstatthaltern usw.
silbergraue Kunstseide mit Silber:	Adjutant des Oberstlandesführers und Adjutanten der Landesverbandsführer der S.A.R. II
silbergraue Kunstseide mit der Farbe des Kragenspiegels der zuständigen S.A.-Gruppe durchwirkt:	Adjutanten der Kreisverbands- und Unterverbandsführer der S.A.R. II

Ehrenführer

Ehrenführer werden ernannt mit dem Range eines Obergruppenführers, Gruppenführers, Brigadeführers oder Standartenführers. Die Ehrenführer tragen neben den Spiegeln und dem Mützenband der Standarte oder des Stabes, dem sie zugeteilt sind, am linken Unterarm einen elfenbeinfarbenen Ärmelstreifen, auf dem in Gold in deutscher Schrift das Wort: Ehrenführer, bei dem Ehrenführer z. E. einer Standarte dahinter die Bezeichnung der zuständigen Einheit eingestickt ist. Das Ärmelband ist 3 cm breit und hat an beiden Rändern je einen 2 mm breiten goldenen Streifen, 1 mm von den äußeren Kanten entfernt. Außerdem tragen Ehrenführer von der rechten Schulter zum ersten Knopf des Dienstrockes bzw. zweiten Knopf des Diensthembes oder Mantels das Ehrenführergehänge in Gold. S.S.-Ehrenführer tragen Ärmelstreifen und Ehrenführergehänge statt in Gold in Silber. Das Ehrenführergehänge muß beim großen Dienstanzug und Gesellschaftsanzug getragen werden, bei dem kleinen Dienstanzug ist es freigestellt.

Der Dienststand zugeteilter S.A.-Führer fällt durch die Ernennung der Ehrenführer und Rangführer in Zukunft fort (s. auch Rangführer).

Ehrenführergehänge

(Siehe Ehrenführer.)

Orden und Ehrenzeichen

Zum Dienstanzug dürfen neuerdings neben den auf Seite 58 aufgeführten Orden und Ehrenzeichen auch noch folgende Abzeichen, jedoch nur eines nach Wahl, getragen werden:

Kyffhäuser-Denkmünze,
Langemarck-Kreuz,
Freikorps-Epp-Abzeichen,
Bewährungsabzeichen des Bundes Oberland,
Bewährungsabzeichen des Freikorps von Aulock,
Bewährungsabzeichen des Freikorps Roßbach,
Bewährungsabzeichen des Freikorps von Löwenfeld,
Bewährungsabzeichen des Freikorps von Heydebreck,
Bewährungsabzeichen des Freikorps Kühme,
Verdienstabzeichen der Brigade Ehrhardt,
Deutsche Ehrengedenkmünze,
Preußisches Erinnerungskreuz,
Bayerisches Kriegserinnerungskreuz mit Schwertern,
Württembergisches Kriegserinnerungszeichen,
Badisches Feldehrenkreuz,
Sächsisches Kriegsehrenkreuz,
Österreichische Kriegserinnerungs-Medaille,
Ungarische Kriegserinnerungs-Medaille,
Ehren- und Erinnerungskreuz des Marinekorps Flandern,
Deutsches Feldehrenzeichen,
Ehrenzeichen des Deutschen Kriegerbundes 1914 bis 1918,
Verdienstabzeichen der 2. Marine-Division,
Kriegsehrenkreuz mit Schwertern,
10-Jahres-Ehrenzeichen des Schlageter-Gedächtnis-Bundes e. V., Hannover.

Pioniere

Pionier-Einheiten der S.A. führen ab 1. Februar auf dem rechten Kragenspiegel hinter der Nummerbezeichnung am rückwärtigen Rand eine mit einem Spaten gekreuzte Hacke.

Rangführer

S.A.-Führer der Dienstgrade vom Obersturmbannführer bis zum Sturmführer, die ehrenhalber hierzu ernannt werden, heißen Rangführer. Ihr Dienstanzug ist der gleiche wie der der Ehrenführer, nur tragen sie das Ehrengehänge nicht. Die Aufschrift ihrer Ärmelstreifen lautet: Rangführer.

Der Dienststand zugeteilter S.A.-Führer fällt durch die Ernennung der Ehrenführer und Rangführer in Zukunft fort.

Reiter

Angehörige von Reitereinheiten tragen ab 1. 1. 34 am rechten Kragenspiegel hinter der Nummernbezeichnung (vom Standartenführer aufwärts am rechten Kragenspiegel hinter dem Dienstgradabzeichen) zwei aus Metall geprägte, gekreuzte Lanzen in der Knopffarbe.

S.A.-Mütze

Unter Aufhebung der Bestimmungen auf Seite 68 bezüglich des Dienststellungsabzeichens um den oberen Rand des Mützenaufschlages tragen hier:
eine 2 cm breite Silbertresse:
    Führer der S.A.-Obergruppen,
    Führer der S.A.-Gruppen,
    vortragende Chefs im Stabe des Obersten S.A.-Führers,
    Generalinspekteur,
    Generalinspekteur des Sanitätswesens,
    Inspekteure West, Ost, Mitte und Südost,
    beratende S.A.-Führer im Stabe des Obersten S.A.-Führers mit dem Dienstgrad eines Obergruppen- und Gruppenführers,
    Oberstlandesführer der S.A.R. II;
eine 1,5 cm breite Silbertresse:
    Führer der S.A.-Brigaden,
    Kraftwageninspekteure der Motor-S.A.,
    Gruppenstaffelführer der Motor-S.A.,
    beratende S.A.-Führer im Stabe des Obersten S.A.-Führers mit dem Dienstgrad eines Brigadeführers oder Oberführers,
    Führer der Landesverbände der S.A.R. II;
eine 1 cm breite Silbertresse:
    Führer der S.A.-Standarten,
    beratende S.A.-Führer im Stabe des Obersten S.A.-Führers mit dem Dienstgrad eines Standartenführers oder eines niedrigeren Dienstgrades,
    Führer der Kreisverbände und der Unterverbände der S.A.R. II
(Siehe auch weiter unten „Stabsführer".)

S.A.-Reserve

Von der S.A.R. I wird derselbe Dienstanzug wie von der S.A. getragen. Bis auf weiteres kann jedoch die bisherige feldgraue Dienstkleidung der S.A.R. I ganz oder teilweise zum kleinen Dienst aufgetragen werden. Die zur S.A.R. I gehörenden Führer und Männer tragen im übrigen die Abzeichen und Schnüre in den gleichen Farben wie die der S.A.-Gruppe, zu deren Bereich ihre Einheit gehört. Vor den Standartennummern wird jedoch auf dem Kragenspiegel ein großes „R" getragen. Die S.A.R. II trägt Knöpfe, Dienstgradabzeichen und Schnurumrandung um Kragenspiegel und Dienstmütze in der gleichen Farbe wie die der S.A.-Gruppe, zu der sie gehören. Jedoch sind hier die Spiegel, das Mützenband und die Unterlage der Achselstücke silbergrau.

S.A.-Sanitätsführer

Statt der Spiegel aus violettem Samt tragen S.A.-Sanitätsführer neuerdings die gleichfarbigen Kragenspiegel mit Dienstgradabzeichen wie die S.A.-Einheit oder der Stab, dem sie zugeteilt sind. Auch ihre Achselstücke sind in der gleichen Farbe gehalten. Demnach tragen alle Dienstgrade bis zum Obersturmbannführer aufwärts auf dem linken Kragenspiegel die Dienstgradabzeichen, auf dem rechten Kragenspiegel die Bezeichnung ihrer Einheit, genau wie die übrigen S.A.-Führer. Vom Standartenführer einschließlich aufwärts tragen die S.A.-Sanitätsführer die Dienstgradabzeichen auf beiden Kragenspiegeln und am rechten Kragenspiegel die Bezeichnung der Einheit, zu der sie gehören. Unmittelbar hinter beiden Kragenspiegeln tragen Sanitätsführer, soweit sie Ärzte sind, einen Äskulapstab, als Zahnärzte ein „Z", als Apotheker ein „A" und als Tierärzte eine Schlange, aus Metall geprägt, in der Farbe der Knöpfe.

S.A.-Verwaltungsführer

Statt der blauen Spiegel tragen S.A.-Verwaltungsführer neuerdings die gleichfarbigen Kragenspiegel mit Dienstgradabzeichen wie die S.A.-Einheit oder der Stab, dem sie zugeteilt sind. Auch ihre Achselstücke sind in der gleichen Farbe gehalten. Unmittelbar hinter den Kragenspiegeln tragen sie außerdem ein aus Metall geprägtes „V" in der Farbe der Knöpfe. Im übrigen gilt für sie das gleiche wie für die S.A.-Sanitätsführer (siehe oben).

Stabsführer

Gemäß Verfügung vom 14. Februar tragen vom 25. 2. 1934 ab die Stabsführer nicht mehr eine silberne Tresse auf beiden Unterarmen, sondern statt dessen, ohne Rücksicht auf ihren Dienstgrad, um den oberen Rand des Mützenaufschlages eine 1 cm breite, mit Rot durchwebte Goldtresse. Die gleiche Tresse tragen auch Führer mit gleichen Dienststellungen, also außer den Stabsführern im Stabe des Obersten S.A.-Führers, der S.A.-Obergruppen, der S.A.-Gruppen, der S.A.-Brigaden, der Stabsführer des obersten Landesführers und des Landesverbandsführers der S.A.R. II, die Abteilungschefs im Stabe des obersten S.A.-Führers sowie die Inspekteure beim Chef des Ausbildungswesens.

Stabswachen

Die Farbe für die Armstreifen der Stabswachen ist jetzt wie folgt geregelt:
    Standarte Adolf Hitler:
        schwarz mit graueingestickter Aufschrift „Adolf Hitler".

Stabswache der Obersten S.A.-Führung:
karmesinrot mit gelb eingestickter Aufschrift „Stabschef Röhm".
Stabswache Göring:
hochrot mit silbern eingestickter Aufschrift „Stabswache Göring".
Stabswachen der Obergruppen und Gruppen:
Spiegelfarbe mit weiß eingestickter Aufschrift „Stabswache".
Angehörige der Stabswachen von Obergruppen und Gruppen tragen ebenso wie Angehörige dieser Stäbe auf dem rechten Kragenspiegel die römische Nummer der Obergruppe bzw. die Abkürzung weiß eingestickt.
Der Dienstanzug besteht für alle Stabswachen aus dem Dienstrock, Stiefelhose, hohen Stiefeln und im Winter Mantel, mit Ausnahme von Aufmärschen, wo das Braunhemd an Stelle des Rockes tritt. Wenn die Stabswache als Sicherheits- und Ehrenposten Dienst tut, sowie dann, wenn sie als geschlossene Einheit ausrückt, trägt sie den Stahlhelm. Er hat an der linken Seite ein auf der Spitze stehendes schwarzes Hakenkreuz mit einer Balkenlänge von 3½ cm. Die obere Spitze des Hakenkreuzes befindet sich 1 cm unterhalb des Luftloches.
Angehörige der Stabswachen müssen mindestens 1 Jahr in der S.A. oder S.S. Dienst getan haben.

Sturmbannarztanwärter

Dieser Dienstgrad fällt fort. Ärzte, die nach Ablegung ihrer Probezeit in die Dienststelle eines Sturmbannarztes eingegliedert sind, werden stufenweise zum Sturmbannführer, Rottenführer, Scharführer usw. befördert.

Stahlhelm

Stahlhelm für Stabswachen: siehe weiter oben „Stabswachen".

Tressenwinkel

S.A.-Führer und -Männer, die vor dem 31. 12. 32 in die S.A. eingetreten sind und außerdem mindestens seit 1. 1. 33 ununterbrochen in der S.A. stehen, tragen am rechten Oberarm einen Winkel aus einer 1 cm breiten, mit Rot durchwirkten Goldtresse. Bei S.S.-Führern und -Männern ist die Tresse silbern mit Schwarz durchwirkt. Der Winkel, dessen Öffnung nach oben steht, ist am Braunhemd, Dienstrock und Mantel zu tragen.

Hochinteressante
Neuerscheinung
aus dem Eher-Verlag

Reichsminister für Volksaufklärung und Propaganda
Dr. Joseph Goebbels

Vom Kaiserhof zur Reichskanzlei

In Tagebuchaufzeichnungen hat Dr. Goebbels eine politisch-kritische Darstellung der Entwicklung der Bewegung vom 1. Januar 1932 bis zum 1. Mai 1933 gegeben. In diese Zeit fallen die entscheidenden Phasen der Machtergreifung. Als engster Vertrauter und Mitarbeiter des Führers war er Zeuge aller großen Ereignisse und Entscheidungen.

Ganzleinenband / Preis ca. RM. 5.—

Zentralverlag der N.S.D.A.P.
Frz. Eher Nachf., G.m.b.H.   München 2 NO

Nationalsozialistische Bilderwerke

Horst Wessel im Bild Herausgegeben von seiner Schwester Ingeborg. Mit 140 Bildern. Kartoniert . . . . RM. 2.85

Hitler über Deutschland Herausgegeben von Heinr. Hoffmann. Text von Jos. Berchtold. Mit über 100 Bildern. Kartoniert RM. 2.40

Grenzen zwischen Deutschen und Deutschen Von Dr. Friedrich Lange. Mit über 200 Bildern. Kartoniert RM. 2.85

Dietrich Eckart Von Albert Reich. Die einzige illustr. Biographie über den nat.-soz. Dichter. Mit über 200 Bildern. Kartoniert RM. 2.85

Aus Adolf Hitlers Heimat Von Kunstmaler A. Reich. Geleitwort von O. R. Achenbach. Mit über 150 Bildern. Kartoniert RM. 2.85

Vom 9. November 1918 zum 9. November 1923 Die Entstehung der N.S.D.A.P. Von Albert Reich und Oskar Robert Achenbach. Mit über 200 Bildern. Kartoniert . . . RM. 3.50

Die nachstehenden Bände:
**Dietrich Eckart / Horst Wessel im Bild
Aus Adolf Hitlers Heimat
Grenzen zwischen Deutschen und Deutschen
Vom 9. November 1918 zum 9. November 1923**
sind in geschmackvoller Kassette zusammengefaßt für RM. 14.50 lieferbar.

Zentralverlag der NSDAP. Frz. Eher Nachf., GmbH., München

An unrivalled insight into the Nazi State

Extremely rare historic wartime studies of Nazi Germany's Paramilitary Wings, Organisations, Documents and War Criminals, that were compiled by Supreme Headquarters Allied Expeditionary Forces (SHAEF) and other more clandestine agencies.

These reports illustrate what the Allies had learned about the Nazi state prior to the eventual disarming and demobilisation of German military forces, and also in assisting in the hunting of wanted war criminals and interrogation of those accused of collaborating with the German occupation authorities.

Full colour as in the original works as appropriate, unedited, containing some or all of the following: uniforms and insignia (colour uniform plates), a listing of personalities holding, details of organisation, ranks, orders of battle and wartime activities, and identity and other documents carried by German citizens and alien labour within the Third Reich, and of the citizens of Nazi-occupied Holland, Belgium and Luxembourg (colour plates).

IDENTITY DOCUMENTS IN GERMANY 1944

SB: 9781474536745

HB: 9781474536752

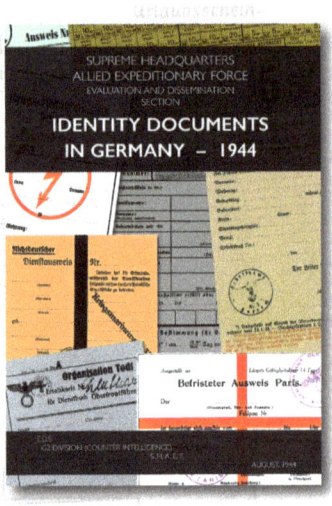

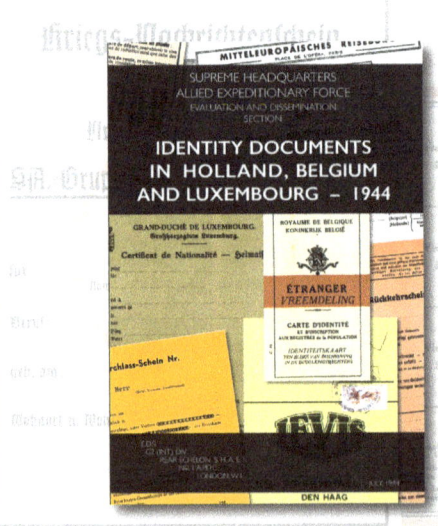

IDENTITY DOCUMENTS IN HOLLAND, BELGIUM AND LUXEMBOURG

SB: 9781474536882

HB: 9781474536899

THE NSKK OF THE NSDAP

Nationalsozialistisches Kraftfahrkorps – National Socialist Motor Corps

SB: 9781474536806

HB: 9781474536813

THE NSFK OF THE NSDAP

Nationalsozialistisches Fliegerkorps – National Socialist Flyers Corps

SB: 9781474536820

HB: 9781474536837

THE SA OF THE NAZI PARTY

Die Sturmabteilung Der NSDAP – Brownshirt or Storm Troop Formations

SB: 9781474536769

HB: 9781474536776

THE HITLER JUGEND
The Hitler Youth Organisation

SB: 9781474536844

HB: 9781474536851

HANDBOOK OF THE ORGANISATION TODT
The Civil And Military Engineering Organisation of Nazi Germany

SB: 9781474536783

HB: 9781474536790

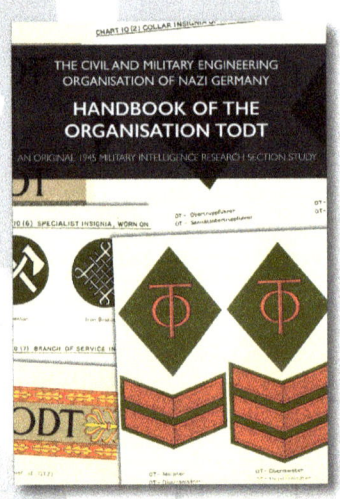

THE REICHSARBEITSDIENST
Reichsarbeitsdienst (RAD) The German Labour Service

SB: 9781474536868

HB: 9781474536875

THE GERMAN POLICE

SB: 9781843425946

HB: 9781474536905

CROWCASS
Central Registry of War Criminals and Security Suspects. Wanted Lists
(The Nazi Hunter's Bible)

SB: 9781845742768

HB: 9781845742775

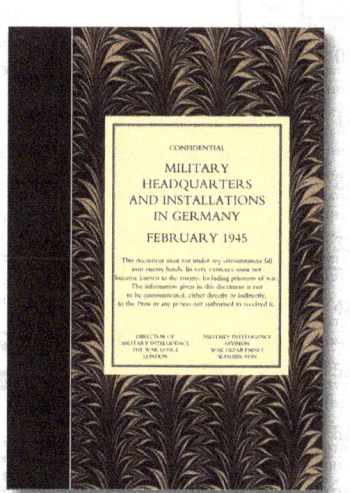

MILITARY HEADQUARTERS AND INSTALLATIONS IN GERMANY

SB: 9781843424420